Lübeck – Stadtführer für Kinder

Kennst du auch die anderen Stadtführer für Kinder aus dem Picus Verlag?
In der Reihe gibt es die Bände:

Berlin – Stadtführer für Kinder von Joscha Remus und Sibylle Vogel
Berlin – City Guide for Children von Joscha Remus und Sibylle Vogel
Graz – Stadtführer für Kinder von Claudia Kastner und Clara Frühwirth
Hamburg – Stadtführer für Kinder von Michel Lengenfelder und Kathrin Sander
Innsbruck – Stadtführer für Kinder von Barbara Danzl und Sibylle Vogel
Linz – Stadtführer für Kinder von Barbara Schinko und Clara Frühwirth
München – Stadtführer für Kinder von Martina Gorgas und Sibylle Vogel
Salzburg – Stadtführer für Kinder von Margit Salamonsberger und Johanna de Wailly
Salzburg – City Guide for Children von Margit Salamonsberger und Johanna de Wailly
Vienna – City Guide for Children von Brigitta Höpler, Sibylle Vogel und Alexander Potyka
Wien – Stadtführer für Kinder von Brigitta Höpler, Sibylle Vogel und Alexander Potyka

Majka Gerke · Karolin Küntzel ·
Barbara Peters · Johanna Prinz

LÜBECK

Stadtführer für Kinder

Illustriert von Sonja Köhler und Wiltrud Wagner

Picus Verlag Wien

Druckprodukt mit finanziellem
Klimabeitrag
ClimatePartner.com/17357-2506-1006

MIX
Aus verantwortungs-
vollen Quellen
FSC
www.fsc.org
FSC® C106954

Friedrich-Schmidt-Platz 4/7, 1080 Wien
info@picus.at
2., umfassend überarbeitete Auflage 2025

Grafische Gestaltung: Buntspecht, Wien
Druck und Verarbeitung:
Florjančič Tisk d.o.o., Maribor
ISBN 978-3-85452-185-3

Informationen über das aktuelle Programm
und Veranstaltungen unter
www.picus.at

Inhalt

Damit du dich in dem Buch gut zurechtfindest, helfen dir folgende Zeichen:

R 5 Nähere Hinweise findest du in Rundgang 5.

Häuser, die im Rundgang beschrieben werden.

Der Weg, den du gehen wirst.

Hier erfährst du Spannendes über Lübeck oder bekommst Tipps für interessante Unternehmungen und Ausflugsziele.

Hier kannst du etwas zeichnen oder ergänzen.

Hier gilt es, genau zu schauen oder ein Rätsel zu lösen. Auflösungen findest du im Anhang.

Praktische Hinweise zu diesem Buch

Hier sind noch ein paar Tipps für deine Entdeckungsreise durch Lübeck. Das erste Kapitel dieses Stadtführers gibt dir einen Überblick über Lübecks Geschichte. Du erfährst, wie aus einer Steinzeitsiedlung die Stadt Lübeck entstand und warum sie die »Königin der Hanse« genannt wird.

Der Hauptteil des Buches besteht aus sechs Touren. Diese Spaziergänge führen dich zu Orten, an denen man die Geschichte der Stadt tatsächlich anfassen kann, zu Kirchen, engen Gängen und vielen Schiffen. Am Ende wirst du sicher einige Dinge entdeckt und erforscht haben, die nicht mal die Einheimischen kennen.

Was solltest du dabeihaben? Auf jeden Fall bequeme Schuhe und einen Stift, damit du die Rätsel lösen kannst. Wenn du ein Fernglas hast, pack es ein – damit kannst du zum Beispiel die Spitzen der sieben Kirchtürme genauer unter die Lupe nehmen. Meistens führen die Spaziergänge durch ruhige Straßen, aber du solltest trotzdem auf den Straßenverkehr achten.

Im siebten Kapitel haben wir für dich die spannendsten Ausflugsziele zusammengestellt. Damit du sie schnell findest, steht immer dabei, wie du dort hinkommst.

Übrigens: Die Maus Rosemarie ist ein Wahrzeichen Lübecks. Ihre Geschichte steht in diesem Buch und sie begleitet dich gemeinsam mit den beiden Kindern durch alle Kapitel.

Viel Spaß in Lübeck!

Eine kleine Geschichte der Stadt

Ein Beil aus der Jungsteinzeit und Gräber aus Findlingen

Es musste viel passieren, bis Lübeck zu der Stadt wurde, die du heute siehst. Vor 5000 Jahren lebten Steinzeitmenschen an der Mündung der Trave. Wenn du dich dafür interessierst, kannst du in Pöppendorf und Blankensee alte Steinzeitgräber aus riesigen Felssteinen anschauen. Solche Gräber nennt man auch Hünengräber. Früher glaubte man nämlich, dass nur Hünen, also Riesen, so große Steine bewegen und aufstellen konnten.

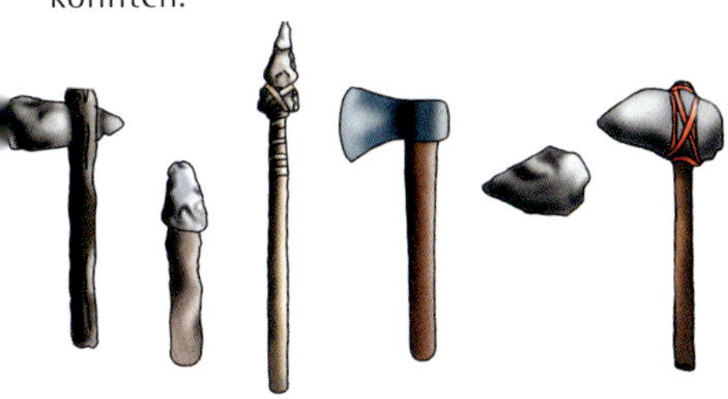

In der Steinzeit stellten die Menschen ihre Werkzeuge aus Steinen und Holz her. Welches Werkzeug gehört nicht in diese Zeit?

Allererste Händler

Vor circa 4400 Jahren entdeckten die Menschen der Steinzeit, wie sie aus erzhaltigem Gestein Metall gewinnen konnten. Das war der Beginn der Bronzezeit. Jetzt begannen die Menschen an der Ostsee, mit Waren zu handeln. Sie brauchten Zinn und Kupfer und bezahlten mit kostbarem Bernstein.

Bernstein ist 40 bis 60 Millionen Jahre altes, versteinertes Zedernharz, aus dem man Schmuck macht. Er hat eine warme, goldgelbe Farbe. Man nannte ihn »Gold der Ostsee«. Vielleicht findest du beim Wandern am Ostseestrand ein Stück Ostseegold!

Ringwälle und Palisaden

Vor ungefähr 1300 Jahren lebten hier Slawen. Sie bauten Ringburgen. Ihre Burgen und die Wohnhäuser waren von bis zu zwölf Meter hohen Erdwällen umgeben, auf denen Zäune aus spitzen hölzernen Pfählen standen, sogenannte Palisadenwälle. So schützte man sich vor Angreifern.

Erst hieß Lübeck Bucu

Gegen Ende des 7. Jahrhunderts errichteten die Slawen die Ringburg Bucu auf der jetzigen Altstadt-Halbinsel. Bucu lag in der Nähe des heutigen Burgtors.

In der Nähe des Dorfes Pöppendorf, an der Straße zum Waldhusener Forst, kannst du dir die Reste eines alten Ringwalls anschauen.

Mit einem Eichenstamm fing alles an

819 fällten slawische Bauern eine Eiche und verwendeten sie für den Bau eines Burgwalls. Dort, wo heute Bad Schwartau liegt, bauten sie eine Burg und eine Kaufmannssiedlung und nannten sie Liubice. Das bedeutet: die Liebliche. Anhand der Jahresringe der Eiche konnten Archäologen den genauen Baubeginn feststellen.

Ein erster Handelshafen

Liubice war von einem drei Meter hohen und 13 Meter breiten Palisadenwall und einem Wassergraben umgeben. Im Süden der Burg lag der Hafen. Liubice wurde ein wichtiger Handelsort. Über den Fluss Trave konnten die Kaufleute ihre Waren schnell über die Ostsee nach Skandinavien transportieren.

Skandinavien nennt man eine Gruppe von Ländern nördlich von Deutschland. Weißt du, welche Länder dazugehören?

Ein furchtbarer Überfall

Die slawischen Stämme bekämpften sich damals heftig. Viele ihrer Fürsten wurden ermordet oder im Kampf erschlagen. 1138 griff ein slawischer Stamm Liubice an und brannte die Siedlung und die Burg nieder. Danach wurde die Stadt nie wieder an dieser Stelle aufgebaut.

Ein zweiter Versuch

Stattdessen ließ Adolf II. von Schauenburg und Holstein fünf Jahre später die alte Slawenburg Bucu instand setzen. Sie wurde mit neuen Wällen, Gräben und Palisaden versehen. Kaufleute siedelten an der Trave und legten im Westen der Halbinsel einen geschützten Hafen an. So weit im Landesinneren war man vor Piratenangriffen sicher.

Jetzt wird wieder Handel betrieben!

Die neue Siedlung erhielt ebenfalls den Namen Liubice (Lübeck). Die Stadt wuchs schnell und der Handel auf dem Seeweg nahm zu. Handelsgüter waren Heringe, Leder, Pelze, Holz, Getreide, Honig, Bernstein, feine Stoffe, Kupfer, Wein, Schmuck, Edelsteine und Salz. Adolf II. von Schauenburg ließ in Oldesloe, südwestlich von Lübeck, ein Salzwerk bauen. Die Lübecker Kaufleute verdienten viel Geld mit dem wertvollen Salz (siehe auch R 1).

Ein Streit ums Salz, ein Brand und ein neuer Anfang

Heinrich der Löwe, Herzog der Sachsen, ärgerte sich über Lübecks Erfolg. Adolf II. weigerte sich nämlich, die Hälfte der Einnahmen aus dem Salzhandel an Heinrich zu zahlen. Da ließ Heinrich das Salzwerk in Oldesloe bei Nacht und Nebel zuschütten. Außerdem verbot er den Lübeckern den Fernhandel. Darunter litten die Kaufleute sehr. 1157 verwüstete auch noch ein schwerer Brand die Siedlung. Da gab Adolf II. nach. Er überließ Heinrich die Stadt. Zwei Jahre später baute er die Stadt wieder auf. Nie wieder sollte eine Feuersbrunst die Stadt vernichten! Deshalb wurden die Backsteinbauten errichtet, die du heute noch überall in Lübeck siehst.

Backsteine waren sehr teuer. Ihre Herstellung dauerte ungefähr ein Jahr. Lehm oder Ton wurde im Winter mehrere Wochen lang ausgefroren. Die so entstandene Masse vermengten die Handwerker mit Sand oder Ton und Wasser. Schließlich wurden aus ihr Steine geformt und zum Trocknen in hölzerne Regale gelegt. Dann konnten sie endlich gebrannt werden. Für den Bau einer Kirche benötigte man Millionen von Backsteinen.

Der Dom, die Marienkirche und St. Petri

1160 wurde Lübeck zum Bischofssitz. Der Bischof, ein hoher kirchlicher Würdenträger, hatte also nun seinen Amtssitz in Lübeck. Deshalb begann man 12 Jahre später mit dem Bau des Lübecker Doms (siehe R4), der 60 Jahre dauerte. Auch die Kirchen St. Marien und St. Petri begann man zu errichten (siehe R2).

Dass Lübeck lange Zeit die Stadt Heinrichs des Löwen war, erkennt man noch heute an dem steinernen Löwen, den du vor dem Dom sehen kannst.

Bauten aus wertvollen Steinen

Da es in Norddeutschland keinen Naturstein gab, wurden der Dom und die Marienkirche als erste Kirchen aus Backstein errichtet. Eine besonders schöne Häuserzeile mit Lübecker Bürger- und Kaufmannshäusern kannst du in der Großen Burgstraße sehen.

Die Steinschleudern von Friedrich Barbarossa

1181 belagerte Kaiser Friedrich I., genannt Barbarossa, Lübeck. Seine Soldaten fuhren mit Rolltürmen an die Stadtmauer. Wurfmaschinen schleuderten Steine über die Mauern. Heinrich der Löwe und die Lübecker verteidigten sich mit Brandpfeilen. Dann wurden die Lebensmittel knapp. Heinrich ergab sich, denn er wollte nicht, dass die Lübecker verhungerten. Nun gehörte die Stadt dem Kaiser.

Die Dänen in Lübeck

Zwanzig Jahre später verlor Barbarossa Lübeck an die Dänen. Doch nach 26 Jahren musste der dänische König Waldemar II. am 22. Juli 1227 in der Schlacht von Bornhöved gegen die norddeutschen Fürsten und Bischöfe kämpfen. Viele Städte, auch Bremen und Schwerin, hatten sich verbündet, um die Dänenherrschaft zu beenden. Lübeck schloss sich diesen Truppen an. Die Kaufleute wollten nicht mehr ständig wechselnden Herrschern gehorchen. Innerhalb von achtzig Jahren war der dänische König nämlich bereits der sechste Herrscher in Lübeck.

Ein Sieg mit himmlischer Hilfe?

Siegten die Lübecker bei Bornhöved mit himmlischer Hilfe? Die Schlacht gegen die Dänen fand am Namenstag der Heiligen Maria Magdalena statt. Als die Sonne die kämpfenden Lübecker blendete, verhüllte die Heilige sie mit ihrem Gewand und verhalf ihnen so zum Sieg. Das berichtet jedenfalls eine alte Sage.

Endlich eine freie Reichsstadt

Die Lübecker hatten 1226 von Barbarossas Enkel, Friedrich II., das Reichsfreiheitsprivileg erhalten. Das bedeutete, dass sie keinem Fürsten oder Bischof gehorchen mussten. Sie waren nur dem Kaiser untertan und trafen alle wichtigen Entscheidungen selbst.

Lübecks Aufstieg stand nichts mehr im Weg. Der Ostseehandel wurde von der Kaufmannsstadt und ihren verbündeten niederdeutschen Städten bestimmt. Ungefähr 120 Ostsee-Städte übernahmen die in Lübeck entwickelte Rechtsordnung, das Lübische Recht.

Eine richtige Stadtmauer aus Steinen

Mit dem Bau einer zehn Meter hohen Stadtmauer aus Backsteinen begannen die Lübecker im Jahr 1230. Der Reichtum der Stadt lockte nämlich Raubritter an. Lübeck musste sich gegen Überfälle der Dänen, Schweden und vieler deutscher Herzöge verteidigen. Die neue Mauer umgab die gesamte Stadt, die Burg und den Dombezirk. Auf den Zinnen des Wehrgangs hatten die Verteidiger mit ihren Armbrüsten Platz.

26 Türme krönten die Stadtmauer. Am Krähenteich und am Burgtor kannst du Reste der alten Stadtmauer sehen (siehe R 3). Am Krähenteich steht noch ein Wehrturm, in den ein Haus hineingebaut wurde. Auch in der Glockengießerstraße gibt es ein in die Mauer gebautes Haus. Und in der Kanalstraße, zwischen Hundestraße und Fleischhauerstraße, findest du ebenfalls noch Mauerreste.

Eine Stadt mit drei Eingängen

Damals konnte man die Stadt nur durch drei Tore betreten. Durch das Burgtor im Norden, das Hüxtertor im Osten und das Mühlentor im Südosten. Mit dem Bau des Holstentors im Westen begann man erst mehr als 200 Jahre später. Das Burgtor und das Holstentor (siehe R 1) kannst du heute noch ansehen. Die anderen beiden Tore stehen nicht mehr.

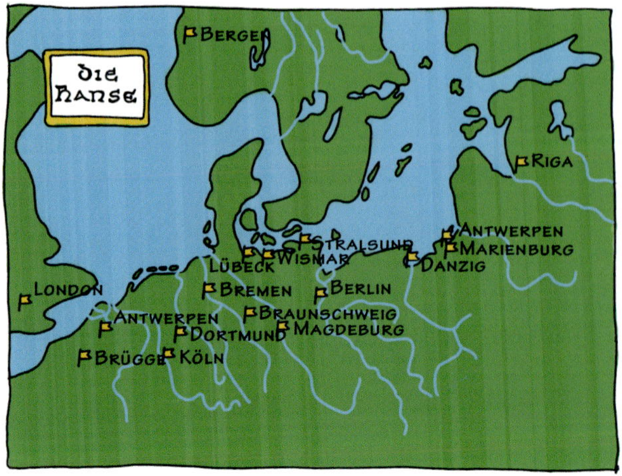

In der Mühlenstraße gibt es in einem Schaukasten ein Modell der ehemaligen Toranlage.

Die Hanse – ein ganz besonderer Bund

Immer mehr deutsche Kaufleute schlossen sich zusammen, um gemeinsam Handel zu treiben und einander zu unterstützen. Im Jahr 1282 nannten sie ihr Bündnis zum ersten Mal »Hanse«. Das althochdeutsche Wort hansa bedeutete Bund oder Schar. Mit der Zeit gehörten mehr als 100 Handelsstädte zur Hanse. Sie hatten ein gemeinsames Heer und eine Flotte. Das Netzwerk der Hanse reichte von London im Westen bis Nowgorod im Osten und von Bergen im Norden bis nach Venedig im Süden.

Eine Stadt, die Königin ist, und eine Tagfahrt

Lübeck hatte eine wichtige Stellung in der Hanse und wurde daher »Königin der Hanse« genannt. Diese Königin lud die Ratsherren der verbündeten Städte zur »Tagfahrt« ein. So nannte man den Hansetag, eine Versammlung von Vertretern aller Hansestädte. Auf dem Hansetag traf man alle wichtigen Entscheidungen. Lübeck wuchs und wurde mit circa 20.000 Einwohnern nach Köln zur zweitgrößten Stadt Deutschlands.

Den Handwerkern und Kleinkaufleuten

ging es nicht so gut wie den Kaufmannsfamilien. Sie arbeiteten hart, hatten aber kein Mitspracherecht im Stadtrat. Alle 24 Ratsherren waren reiche Fernhandelskaufleute. Die meisten Handwerker verkauften ihre Waren in und vor ihren Häusern. Die Bäcker, Fleischer und Gerber durften ihre Waren sogar nur an bestimmten Schrangen in der Nähe von St. Marien anbieten.

Schrangen hießen die Marktstände, die durch einen langen Tisch, den Verkaufstresen, wie mit einer Schranke begrenzt wurden.

Aufstand der Handwerker und kleinen Kaufleute

Die Miete für einen Schrangen war sehr hoch. Deshalb schlossen sich die Handwerker 1380 zusammen und wehrten sich gegen die Macht der Kaufleute. Diese aber schlugen den Aufstand nieder und ließen viele der Aufständischen töten.

Der Untergang der Hanse

Gegen Ende des 15. Jahrhunderts verlor die Hanse an Bedeutung. Englische und niederländische Kaufleute machten den Hansekaufleuten Konkurrenz. Waren wurden immer öfter von den Häfen der Ostsee direkt in die Häfen der Nordsee transportiert, ohne dass Lübeck angesteuert wurde. Güter aus Russland transportierte man häufig auf dem Landweg an ihre Bestimmungsorte.

Wenn du mehr über die Hanse erfahren möchtest, dann solltest du unbedingt das Hansemuseum besuchen (siehe R 5*).*

Im Dreißigjährigen Krieg

(1618–1648) war Lübeck durch seine starken Befestigungsanlagen gut geschützt. Die Stadt überstand diese Zeit relativ unbeschadet. Lübeck war zwar nicht mehr die »Königin der Hanse«, aber sie wurde der wichtigste Handelspartner Russlands.

Mit der Zeit nutzte man Lübeck wieder als Durchgangshafen. Handelsgüter, die für Hamburg bestimmt waren, verschiffte man wieder über den Lübecker Hafen und sparte so lange Seewege.

Napoleon erobert die Stadt

Zweihundert Jahre später eroberte Napoleon Bonaparte Europa. 1806 schlug das französische Heer die Preußen, und 21.000 preußische Soldaten flüchteten nach Lübeck. Kurz darauf erreichte auch Napoleons 53.000 Mann starke Armee die Stadt. Nach schweren Kämpfen geriet Lübeck unter französische Herrschaft und wurde erst 1813 befreit. Schweden, Russland, Preußen und Österreich schlossen sich zusammen und besiegten die Franzosen in mehreren Schlachten. Im Dezember 1813 endete die Herrschaft der Franzosen in Lübeck.

An die Herrschaft der Franzosen erinnert heute nur noch das Denkmal des Lübecker Knochenhauers Jürgen Prahl in den Wallanlagen (siehe **Tipps***). Er wurde von französischen Soldaten am Mühlentor erschossen, weil er den Besatzern ins Gesicht gelacht hatte.*

Unter weißem Dampf

fuhr die erste Eisenbahn 1851 von Lübeck über Ratzeburg, Mölln und Büchen nach Hamburg und Berlin. 2500 Arbeiter hatten ein Jahr am Bau der Bahntrasse gearbeitet. Große Teile der Wallanlagen rund um das Holstentor wurden dafür abgetragen. Man überlegte sogar, das Holstentor abzureißen (siehe **R 1**)!

Jetzt sind die Tore immer offen

Der neue Bahnhof lag außerhalb des Stadtgebiets, vor den Toren Lübecks. Weil die Züge nicht nur tagsüber ankamen, wurde mit seiner Inbetriebnahme die nächtliche Torsperre aufgehoben.

Seit dem Bau der Lübecker Stadtmauer vor mehr als 600 Jahren wurden die Tore der Stadt jeden Abend, wenn es dunkel wurde, abgesperrt und erst am nächsten Morgen wieder geöffnet. Damit verhinderte man, dass Schmuggler und unerwünschte Personen die Stadt betraten.

Die Stadt wächst kräftig

Mit der Abschaffung der Torsperre veränderte sich das Stadtbild. Lübeck wuchs über die Altstadtinsel hinaus. Überall konnten nun Häuser gebaut werden und so entstanden die ersten Vorstädte.

Der große Krieg

1914 brach der Erste Weltkrieg aus. Weil viele Lübecker Fabriken Waffen und anderes Kriegsmaterial herstellten, ging es der Wirtschaft zu Beginn des Krieges richtig gut. Die deutschen Truppen errangen zunächst schnelle Siege und die Lübecker unterstützten sie begeistert. Doch dann wurden die Lebensmittel knapp, die Menschen hungerten und viele erkrankten an Grippe, Masern und Diphtherie, einer sehr ansteckenden Erkrankung der Atemwege. Da ließ die Kriegsbegeisterung nach. 1918, bei Kriegsende, waren 3500 Lübecker Soldaten auf den Schlachtfeldern gefallen.

Eine schwarze Zeit

Als der Erste Weltkrieg verloren war, musste auch der Kaiser zurücktreten, Deutschland war jetzt eine demokratische Republik. Aber nicht lang: 1933 kam Adolf Hitler mit den Nationalsozialisten an die Macht. Er schaffte die Demokratie und die Meinungsfreiheit ab und wollte alle Juden ausrotten und ein tausendjähriges großdeutsches Reich errichten. In der Nacht vom 9. auf den 10. November 1938 zerstörten die Nationalsozialisten die Geschäfte der jüdischen Bewohner Lübecks und die Synagoge in der St.-Annen-Straße. Die meisten Juden starben später in Hitlers Konzentrationslagern.

Vor vielen Häusern in der Lübecker Altstadt kannst du in den Fußweg eingelassene, quadratische Metallschilder entdecken. Jeder dieser »Stolpersteine« erinnert an einen jüdischen Lübecker Bürger, der unter Hitlers Herrschaft starb.

In dieser Zeit verlor Lübeck nach 711 Jahren die »Reichsfreiheit« und somit seine Selbständigkeit. 1937 machten die Nationalsozialisten die alte Hansestadt zu einer Kreisstadt in der Provinz Schleswig-Holstein.

Krieg gegen die ganze Welt

1939 begann Hitler den Zweiten Weltkrieg mit seinem Angriff auf Polen. Er löste damit einen der größten Kriege aus, den es jemals auf der Welt gab und an dem sämtliche Großmächte des 20. Jahrhunderts beteiligt waren.

Eine Nacht, die alles verändert

In der Nacht zum 29. März 1942 bombardierten englische Flugzeuge Lübeck. 300 Menschen starben. Der Dom, die Marienkirche, die Petrikirche und über tausend weitere Gebäude wurden zerstört.

Wenn du durch die Stadt läufst, entdeckst du zwischen alten Häusern viele Neubauten. Diese wurden nach dem Krieg errichtet, um den zerstörten Wohnraum schnell zu ersetzen.

Zwei Schriftsteller mit Schnauzbart und ein Bundeskanzler

haben den Nobelpreis bekommen und sind die berühmtesten »Söhne Lübecks«. Jedem von ihnen ist ein eigenes Museum gewidmet.

Der Nobelpreis ist ein sehr, sehr wichtiger Preis, der jährlich in Stockholm für herausragende Leistungen in den Bereichen Physik, Chemie, Medizin und Literatur und in Oslo für Friedensbemühungen vergeben wird.

Der Schriftsteller Thomas Mann

Der in Lübeck geborene Schriftsteller Thomas Mann erhielt 1955 den Literaturnobelpreis. Das Buddenbrookhaus in Lübeck ist nach seinem bekanntesten Werk, dem Familienroman »Die Buddenbrooks«, benannt.

Der Politiker Willy Brandt

Willy Brandt, der als Herbert Frahm in Lübeck geboren wurde, war von 1969 bis 1974 Bundeskanzler der Bundesrepublik Deutschland. Seinen »Kampfnamen« Willy Brandt nahm er 1933 an, als er Deutschland verließ und nach Norwegen ging, um von dort aus gegen Adolf Hitler und die Nazis zu kämpfen. Er erhielt 1971 den Friedensnobelpreis für seine Bemühungen, mit den Ländern in Osteuropa verhandelt zu haben.

Im Willy-Brandt-Haus gibt es extra für Kinder ein Programm, das in spannenden Bildgeschichten erzählt, wie aus dem Arbeiterjungen ein international angesehener Politiker wurde.

Im Günter-Grass-Haus kannst du dir viele seiner Kunstwerke ansehen.

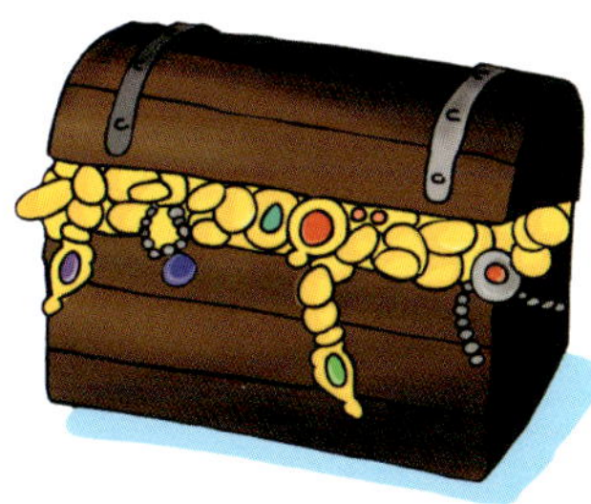

Der Künstler Günter Grass

Der Roman »Die Blechtrommel« machte den Schriftsteller, Bildhauer, Maler und Grafiker Günter Grass berühmt. Er wurde in Danzig geboren und wählte Lübeck nach dem Krieg als seine Heimat. 1999 erhielt er den Literaturnobelpreis.

Ihr seht, Lübeck ist sehr alt und wie eine richtige Schatzkiste. Wenn man diese Schatzkiste öffnet, entdeckt man spannende Geschichten und viele interessante Dinge. Die Stadt hat schon einiges erlebt und hinter jeder Straßenecke trifft man auf etwas Besonderes. Aber dennoch geht es hier nicht zu wie in einem Museum, sondern wie in jeder anderen Großstadt auch.

1. Folterinstrumente, weißes Gold und Obst am Pranger

Vom Hauptbahnhof zum Rathaus

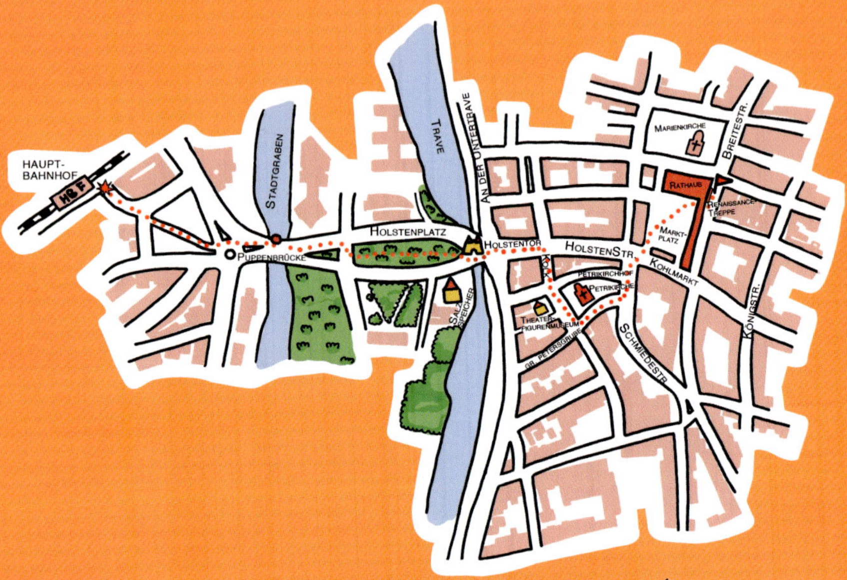

Ausgangspunkt
Hauptbahnhof, Am Bahnhof
Diverse Busse bis Haltestelle ZOB/Hauptbahnhof

Eine Burg, die keine ist

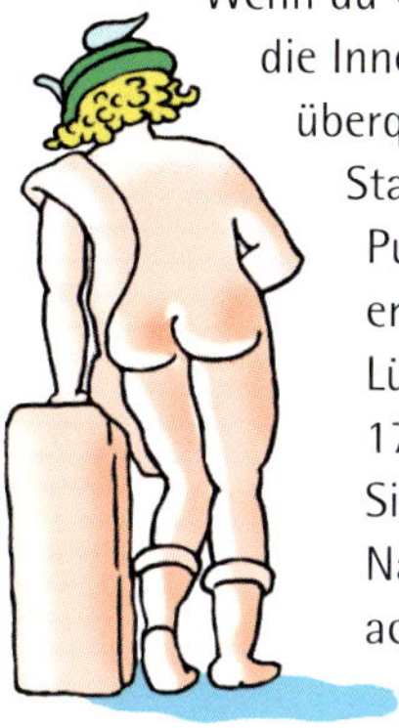

Wenn du vom Bahnhof in die Innenstadt gehst, überquerst du den Stadtgraben über die Puppenbrücke. Diese erste Steinbrücke Lübecks wurde 1770–1774 gebaut. Sie trägt ihren Namen wegen der acht Steinfiguren, die sie schmücken.

Der Flussgott Trave, Merkur (der Gott der Händler und Diebe), die Eintracht, der Friede, ein römischer Krieger, die Vorsicht, Neptun (der Meeresgott) und die Freiheit stehen auf der Brücke. Erkennst du sie?

Außerdem kannst du vier große steinerne Vasen entdecken. Sie symbolisieren Fleiß und Sparsamkeit, Ackerbau und Viehzucht, Wissenschaft und Künste und die Vaterlandsliebe.

Ein schiefes Tor hat sein »i« verloren

Wenn du die Brücke passiert hast, kommst du direkt zum Holstentor. Ursprünglich hieß es »Holsteintor«, weil es das Tor war, durch das die Lübecker nach Holstein gelangen konnten. Es ist als letzter Teil der ehemaligen Stadtbefestigung übrig geblieben.

Dabei wäre es vor 150 Jahren beinahe abgerissen worden. Es war so verfallen, dass der Lübecker Senat darüber abstimmte, ob es noch renoviert werden sollte. Mit 42 zu 41 Stimmen beschloss man, es wiederherzustellen. Sieht das Holstentor nicht wie eine Burg aus? Als es vor mehr als 500 Jahren geplant wurde, sollte es den großen Reichtum der Stadt zeigen und natürlich auch mögliche Feinde abschrecken.

Fällt dir auf, wie schief das Tor steht? Das liegt an dem weichen Untergrund, auf dem es steht. Und da die Fundamente der Türme nicht miteinander verbunden sind, neigen sie sich auch noch zueinander.

Kanonen und Folterinstrumente

Ist dir aufgefallen, dass es auf der ehemaligen Feldseite, also der stadtabgewandten Seite, keine richtigen Fenster gibt, sondern nur schmale Schießscharten? Dort konnten die Lübecker bei einem Angriff mit 30 Kanonen auf ihre Feinde schießen. Das war zum Glück nie nötig.
Einige Kanonen stehen noch vor dem Holstentor. Im Innern ist heute ein Museum untergebracht. Du kannst dort viel über die Hanse, den Handel und die Seefahrt erfahren. Außerdem kannst du dir einige alte Folterinstrumente ansehen.

Wetten, dass du das Lübecker Holstentor schon mal in der Hand hattest? Seit 2008 ziert es die Rückseite unserer Zwei-Euro-Münze.

Weißes Gold und salziges Fleisch

Neben dem Holstentor siehst du an der Obertrave sechs große Backsteingiebelhäuser. Das sind die Lübecker Salzspeicher.

Speicher ist ein altes Wort für Lagerhalle oder Lagerhaus. In einem Salzspeicher bewahrte man Salz auf, bis es weiterverkauft wurde.

Die Hansestadt Lübeck war eine reiche Stadt. Ihren Wohlstand verdankte sie unter anderem dem weißen Gold. So nannte man vor über 600 Jahren das kostbare Salz, mit dem die Lübecker Kaufleute handelten. Salz war nicht nur zum Würzen der Speisen wichtig. Damals gab es weder Kühlschränke noch Kühltruhen. Die Menschen legten Fleisch und Fisch in Salz ein, um sie haltbar zu machen. Dieses Einsalzen nennt man Pökeln. Vor jeder großen Fahrt luden die Seeleute Fässer mit eingesalzenem Fleisch auf ihre Schiffe. Pökelfleisch war ein wichtiger Bestandteil der Nahrung während der langen Seereisen.

Salz aus dem Bergwerk

Das in Bergwerken in Lüneburg und Oldesloe gewonnene Steinsalz wurde über die Alte Salzstraße und später über den Stecknitz-Kanal nach Lübeck transportiert und dort in den Salzspeichern gelagert.

Der dem Holstentor am nächsten gelegene Speicher gehörte bis ins Jahr 1839 der Saline Oldesloe. Ein Relief – ein aus dem Stein herausgearbeitetes Bild – in der Fassade erinnert noch heute daran. Findest du es?

Eine Saline ist eine Anlage zur Gewinnung von Salz. Dort wird sehr salzhaltiges Wasser erhitzt, bis es verdampft und nur das Salz zurückbleibt.

Von den Salzspeichern aus wurde das weiße Gold in den Norden verschifft. In Skandinavien gibt es nämlich keine Salzvorkommen, dafür aber sehr viel Fisch. Deshalb kauften norwegische und schwedische Fischer und Händler Salz aus Lübeck, um ihre reichen Fischfänge haltbar zu machen.

Ein Vampir

wohnte auch einmal in den Lagerhäusern – aber nur kurz. Im Jahr 1922 dienten sie als Kulisse für den berühmten Stummfilm »Nosferatu«, der die unheimliche Geschichte des Vampirs Graf Dracula erzählt.

Von Flussschiffern

Biegst du von der Holstenstraße in die kleine Gasse Kolk ein, bist du sofort von alten Backsteinhäusern umgeben. Hier wohnten früher die Flussschiffer. Sie brachten Waren auf dem Stecknitz-Kanal von Lauenburg nach Lübeck. Die Nähe zum Fluss findet sich auch im Namen der Gasse wieder. Das niederdeutsche Wort Kolk bezeichnet eine Vertiefung in fließenden Gewässern. Früher floss da, wo der Kolk auf die Straße namens Kleine Kiesau trifft, ein Bächlein.

Könige, Prinzessinnen, Drachen und allerlei Tiere an Fäden

bevölkern heute statt der Flussschiffer die Altstadthäuser. Sie alle wohnen in einer Wohngemeinschaft im »Kolk 17 Figurentheater & Museum«.
Über 1000 Marionetten, Stab-, Bauchredner- und Gliederpuppen sowie Schattenspielfiguren aus aller Welt sind hier versammelt. Ein Teil von ihnen erwacht regelmäßig zum Leben, wenn im Haus Stücke aufgeführt werden. Manchmal kommen andere Puppenstars wie das Urmel oder die Lokomotive Emma zu Besuch.

So können die Marionetten nicht bewegt werden. Zeichne die fehlenden Fäden ein!

Die Stadt zum Fühlen

Wenn du das verwinkelte Theaterfigurenmuseum verlässt, läufst du bergauf Richtung Petrikirche.
Dort biegst du rechts um die Ecke und siehst auf der anderen Seite der kleinen Gasse ein paar Stufen, die in die Holstenstraße führen. Von dort aus gibt es auf Höhe des Kaufhauses Peek & Cloppenburg einen Durchgang zum Markt.
Nach wenigen Metern stehst du vor einem bronzenen Stadtmodell. Es bietet einen guten Überblick über die Gassen, Häuser und Kirchen auf der Altstadtinsel. Sehbehinderte können das Modell sogar ertasten, und auch Sehende nutzen gerne die Finger, um die Stadt zu entdecken. Deshalb sind die Kirchtürme besonders blank.

Obst am Pranger

Rechts von dir steht ein merkwürdiges Gebäude, das an eine offene Halle erinnert, auf die man zwei Torbögen gesetzt hat. Auch die Dächer passen nicht so recht zusammen. Das untere ist aus Kupfer und das obere ist mit Ziegeln gedeckt. Das ist der Kaak, im Mittelalter waren hier das Gericht und der Pranger der Stadt.

Der Pranger war ein Pfahl oder eine Säule an einem öffentlichen Platz, an dem verurteilte Verbrecher oder Diebe für eine gewisse Zeit festgebunden wurden. Häufig beschimpften und bespuckten die Vorübergehenden den Verurteilten.

Wo früher Menschen verurteilt wurden, verkauft man heute an Markttagen Obst und Gemüse.

Das Rathaus

befindet sich gegenüber im Nordosten des Platzes. Seit dem 13. Jahrhundert steht es dort. Allerdings wurde es seit seinem Bau 1230 bis in das 16. Jahrhundert hinein immer wieder verändert. In verschiedenen Baustilen wurde an- und umgebaut.

Eine Fassade, durch die der Wind pfeift

Wenn du an der Fassade hochsiehst, entdeckst du eine Reihe von runden Löchern. Fehlen da Steine oder Fenster? Nein, die Löcher sind mit Absicht in der Mauer. Sie sorgen dafür, dass der Wind, der in Lübeck häufig weht, ungehindert hindurchpusten kann. So drückt er nicht mit voller Wucht gegen die Fassade.

Mehrmals am Tag finden Führungen im Rathaus statt und mit ein bisschen Glück triffst du sogar den Bürgermeister, der dort sein Büro hat.

Ein Restaurant im Keller und eine alt-neue Treppe

Rechts unterhalb der Fassade mit den Löchern liegt, im Winkel zwischen Rathaus und Arkaden, der Ratskeller. Früher war der Ratskeller eine mittelalterliche Bierschenke. So nannte man damals eine Kneipe.
Einige der alten Pfeiler an der Rathaustreppe sind sogar erhalten geblieben. Du gehst unter den Bögen der Arkaden hindurch und stehst jetzt mitten in der Breiten Straße, der Fußgängerzone. Obwohl die Umgebung mit all den Geschäften modern und neu aussieht, ist an einer Seite des Rathauses etwas übrig geblieben, das richtig alt wirkt: Die Treppe wurde eigentlich vor mehreren Hundert Jahren, in der Renaissance-Zeit, von holländischen Steinmetzen gebaut. Aber sie ist zerstört und die Treppe, die man heute sieht, ist eine Kopie und erst ein paar Jahrzehnte alt.

2. Sieben Türme

Von der Aegidienkirche zum Heiligen-Geist-Hospital

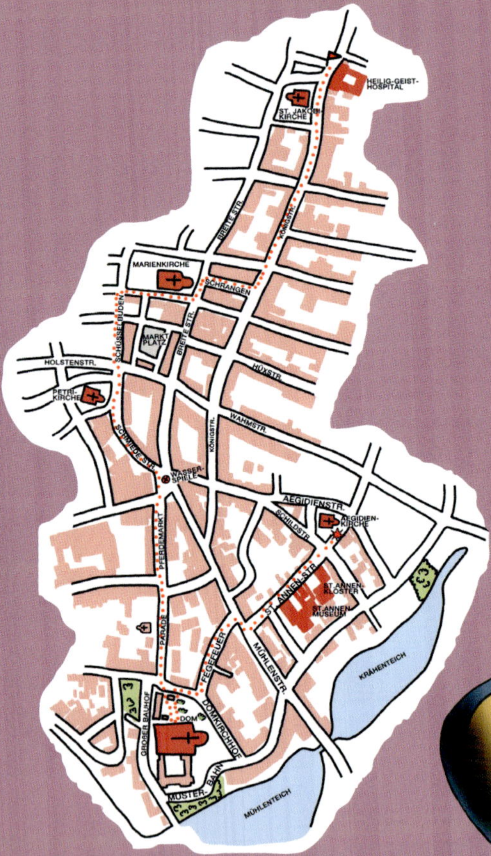

Ausgangspunkt
Aegidienkirche, Aegidienstraße 75
Diverse Busse bis Haltestelle Fegefeuer,
dann Fußweg durch die St.-Annen-Straße

Sieben Kirchtürme

Lübeck heißt auch die »Sieben-Türme-Stadt«. Der Name kommt daher, dass es auf der Altstadtinsel sieben Kirchtürme gibt. Natürlich hat Lübeck noch viel mehr Kirchen, aber die in der Innenstadt fallen eben besonders auf. Schau den Kirchtürmen bei deinem Rundgang mal auf die Spitzen! Sie haben alle eine Kugel und einen Wetterhahn. Wetterhähne benutzt man, um zu sehen, aus welcher Richtung der Wind bläst. Der Hahn ist nämlich beweglich und dreht sich immer mit.

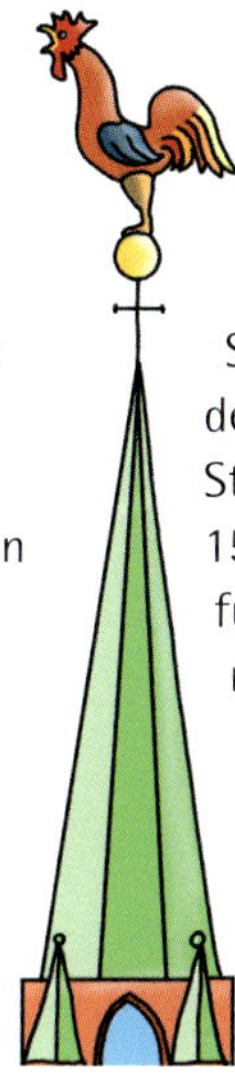

Eine kleine Kirche mit Riesenglück

Die Aegidienkirche ist die kleinste Kirche auf der Altstadtinsel und steht mitten im ursprünglichen Handwerksviertel der Stadt. Im Laufe der Jahrhunderte wurde sie mehrfach umgebaut und selbst ihr Turm entstand erst nach und nach. Heute ist er 86 Meter hoch. Die Kirche hatte Glück, als im Zweiten Weltkrieg Bomben auf Lübeck fielen. Sie wurde nicht getroffen, allerdings hat die Druckwelle einer Explosion alle Fenster zerstört. Im Gegensatz zu den Schäden, die an anderen Lübecker Kirchen entstanden, war das aber eine Kleinigkeit.

Ein Kloster für Kaufmannstöchter

Gehe an der Kirche entlang, bis zur Ecke Schildstraße und St.-Annen-Straße. Wenn du die Straße hinunterblickst, siehst du auf der linken Seite den Turm des St.-Annen-Klosters. Das Kloster wurde 1502 errichtet, weil man einen Platz für die unverheirateten Töchter reicher Kaufleute brauchte. Wenn sie erwachsen waren, wohnten sie nicht mehr zu Hause, durften aber auch nicht alleine leben.
Das Erdgeschoss des Gebäudes sieht heute noch fast genauso aus wie damals. Hier ist mittlerweile ein Museum untergebracht, du erfährst Genaueres über die Stadtgeschichte und es gibt sogar eine eigene Abteilung mit historischem Spielzeug!

Im Fegefeuer

Die nächste Station deines Rundgangs kannst du vom Museumseingang aus schon sehen: Die beiden Türme des Doms ragen nämlich über die Hausdächer. Du gehst die St.-Annen-Straße entlang, überquerst an ihrem Ende die Mühlenstraße und biegst ab ins Fegefeuer.

Warum hat die Straße »Fegefeuer« so einen gruseligen Namen? Und warum heißt die Seitenstraße »Hölle«? Schau mal im R4 *nach, dort steht es!*

Zwei Türme und eine traurige Sage

Der Dom war die erste große Kirche an der Ostsee, die ganz aus Backsteinen gebaut wurde.

Heinrich der Löwe legte 1173 den Grundstein für den Dombau. Schau mal nach oben! Zu den beiden hohen Türmen des Lübecker Doms gibt es eine ziemlich traurige Sage. Es heißt, dass die beiden Turmspitzen von Vater und Sohn gebaut wurden. Beide waren Dachdecker und jeder von ihnen arbeitete an einem anderen Turm. Eines Tages sah der Ältere, dass der Turm seines Sohnes viel schöner aussah, und er wurde neidisch. Am Ende eines langen Arbeitstags bat er den Jüngling, ein paar vergessene Werkzeuge von der Turmspitze zu holen. Dieser erlitt einen Schwindelanfall und fiel vom Turm. So war der Vater zwar wieder der beste Dachdecker der Gegend, aber er hatte aus Neid seinen Sohn umgebracht.

Eine Kirche spielt Verstecken

Auf Höhe der Löwen-Statue beginnt die Straße Parade. Wenn du sie entlanggehst, kannst du die nächste Lübecker Kirche noch nicht sehen. Der Kirchturm der Petrikirche versteckt sich hier nämlich noch hinter den Häusern. Am Ende macht die Straße eine Biegung, aber du gehst geradeaus weiter über den Platz (Achtung: Im Sommer sprudeln hier die Wasserspiele!) und dann in die erste Straße links, die Schmiedestraße. Sie führt dich zur Petrikirche.

Ein Kirchturm mit Fahrstuhl

St. Petri ist mehr als 800 Jahre alt und war früher die Kirche der Flussschiffer. Die heutige Turmspitze entstand erst nach dem Zweiten Weltkrieg. Diese Kirche hatte beim Bombenangriff auf Lübeck nicht so viel Glück, denn sie brannte völlig aus. Ein Gutes hatte der Neuaufbau allerdings: Der Kirchturm bekam eine Aussichtsplattform, von der aus du die ganze Innenstadt überblicken kannst. Fahre mit dem Fahrstuhl hinauf und sieh dir Lübeck von oben an. Oder du gehst weiter, die Schmiedestraße entlang, und folgst der Straße Schüsselbuden bis zur Marienkirche.

Ein Teufel, der eine Kirche baut

Angeblich hat sich zu Bauzeiten der Marienkirche etwas sehr Seltsames in Lübeck zugetragen. Als die Lübecker gerade mit dem Bau begonnen hatten, kam der Teufel vorbei und fragte, was für ein Gebäude da entstehe. Niemand traute sich ihm zu sagen, dass es eine Kirche werden sollte, also behaupteten sie, es sollte ein Wirtshaus werden. Das gefiel dem Teufel, denn in einem Wirtshaus wird viel gesündigt. Er packte kräftig mit an, damit es schneller ging.

Doch als die Marienkirche fast fertig war, merkte der Teufel, dass man ihn betrogen hatte. Wütend griff er sich einen großen Stein und wollte die Kirche zerstören. Um den Teufel zu besänftigen, versprachen ihm die Lübecker ganz in der Nähe nun wirklich ein Wirtshaus zu bauen. Und das taten sie auch. Mehr über den Ratskeller erfährst du in R 1. Den Stein mit den Krallenspuren des Teufels siehst du neben der Marienkirche liegen. Und der Teufel sitzt sogar darauf.

Die Türme der Marienkirche sind etwa 125 Meter hoch und es hat fast 100 Jahre gedauert, das Gebäude fertig zu bauen. Die Kirche ist die Kirche der Kaufleute.

Ein verdorrter Rosenstrauch und eine Maus, die Glück bringt

Wenn du in die Marienkirche hineingehst, kannst du dich auf die Suche nach der Kirchenmaus Rosemarie begeben. Vor vielen Jahren, heißt es, wuchs neben der neuen Marienkirche ein Rosenstrauch. Die Lübecker glaubten, dass ihre Stadt frei bliebe, solange die Rosen blühten. Doch eines Morgens waren alle Rosen verdorrt, und als man nachschaute, stellte sich heraus, dass eine Maus ihr Nest an die Rosenwurzeln gebaut hatte. Und tatsächlich: Kurz darauf musste sich Lübeck den Dänen ergeben. Als Erinnerung daran, dass aus einem kleinen Unglück schnell ein großes werden kann, wurde ein Bild der Maus in die Kirchenwand gehauen. Im Laufe der Jahrhunderte bekam sie den Namen Rosemarie. Angeblich bringt sie heute jedem Glück, der sie berührt. In diesem Buch taucht Rosemarie auch immer wieder auf. Hast du sie schon entdeckt?

Findest du die Maus an der Kirchenwand?

Kaputte Glocken gegen den Krieg

Als Lübeck im März 1942 angegriffen wurde, fielen Bomben auf die Marienkirche und zerstörten viele Wände und die Dächer der Türme. Die schweren Kirchenglocken stürzten aus einer Höhe von 60 Metern herab – genau auf ein paar Pakete mit Original-Fensterscheiben aus dem Mittelalter. Die gingen natürlich auch kaputt. Das Feuer, das in der Kirche ausbrach, war so stark, dass der gesamte Innenraum zerstört wurde.

Die zerbrochenen Glocken haben bei ihrem Sturz eine ganz schöne Mulde im Kirchenboden hinterlassen. Sie liegen noch genau dort, wo sie heruntergefallen sind – als Warnung vor weiteren Kriegen. Du findest sie hinter einem hohen schmiedeeisernen Tor im Innenraum der Kirche.

Ein toller Blick

Von der Marienkirche gehst du in die Einkaufsstraße Breite Straße und dann in den Durchgang Schrangen, der gegenüber der Kirche, zwischen den hohen Häusern hindurchführt. Vom Schrangen hast du einen tollen Blick auf die Marienkirche. (Am besten ist der Blick, wenn du mitten auf dem Schrangen stehst.) Am unteren Ende der Straße biegst du links ab in die Königstraße und folgst ihr bis zur Jakobikirche.

Ein Rettungsboot als Symbol

Die Jakobikirche ist die Kirche der Seefahrer. Hier finden auch heute noch Gottesdienste für verstorbene Seeleute statt. Im Innenraum der Kirche liegt ein Rettungsboot, das an den Untergang der Pamir 1957 erinnert. Die Pamir war ein Großsegler, der mit 86 Personen an Bord in einen großen Sturm geriet. Viele von ihnen waren Kadetten, also junge Matrosen. Nur sechs Menschen überlebten in dem Rettungsboot, das nun in der Kirche der Seefahrer liegt.

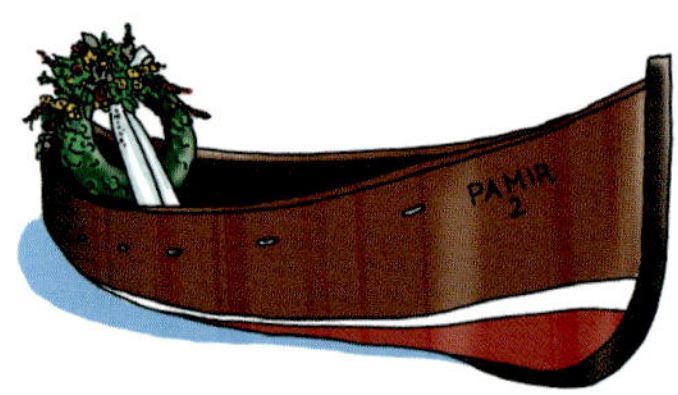

Es soll an alle Menschen erinnern, die auf See gestorben sind.
Die Kränze, die du hier auf dem Boden liegen siehst, wurden von Schiffsbesatzungen dort hingelegt, die den Toten ihren Respekt erweisen wollen. Das Boot ist heute ein Symbol und ein Zeichen der Hoffnung.

Weißt du noch, wie alle Kirchen heißen? Schreib ihre Namen dazu.

St. Jakobi ist auch die Kirche der Pilger, deren Symbol die Jakobsmuschel ist. Der Schutzheilige der Kirche ist der Heilige Jakobus der Ältere.

Ein Hospital für die Armen

Direkt neben der Jakobikirche steht das Heiligen-Geist-Hospital. Es wurde 1286 gebaut, um arme und kranke Menschen zu versorgen. Später bot es alten und schwachen Menschen ein Heim. Du kannst das Heiligen-Geist-Hospital besichtigen und dir die Kabäuschen anschauen. Das sind kleine Kammern mit Holzwänden, in denen die Bewohner früher lebten. Heute findet hier in der Weihnachtszeit ein beliebter Kunsthandwerksmarkt statt, für den man manchmal ganz schön lange anstehen muss.

Wenn du es doch mal nach drinnen schaffst: Siehst du die »Armleuchter« an den Wänden?

Auf diesem kleinen Spaziergang hast du alle sieben Kirchtürme gesehen und mehrere Hundert Jahre Lübecker Geschichte durchlaufen. Welcher Kirchturm hat dir am besten gefallen?

3. Gänge und Höfe

Von der Fischergrube über das Burgtor und den Koberg

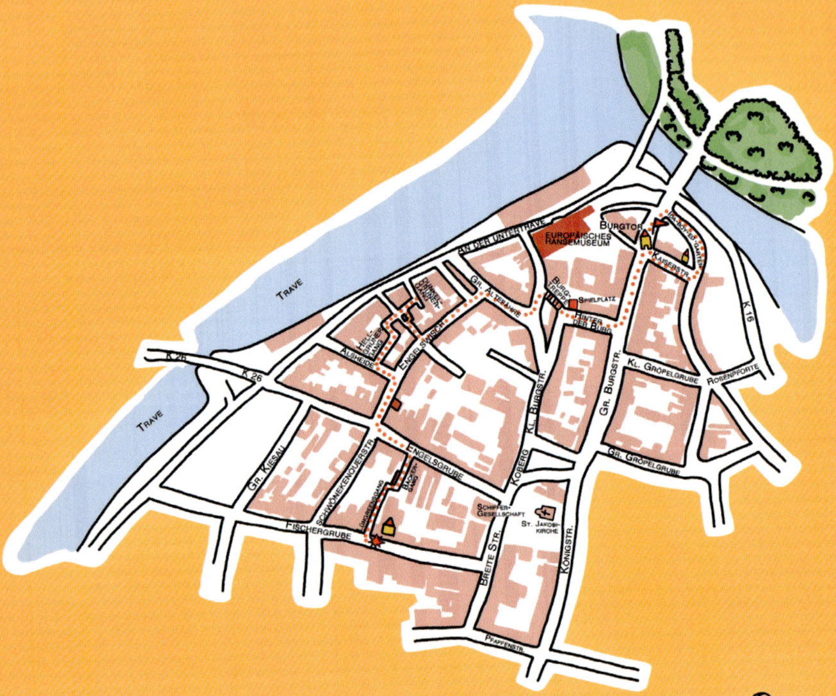

Ausgangspunkt
Fischergrube 38
Diverse Busse bis Haltestelle Breite Straße

Versteckte Puppenhäuser

Kannst du dir vorstellen, dass Lübeck im Mittelalter die zweitgrößte Stadt Deutschlands war? Nun war auf der Altstadtinsel aber nicht viel Platz. Daher bauten die Lübecker kurzerhand in die Gärten hinter den prächtigen Kaufmannshäusern einfache Buden und Häuschen.

Sie erinnern ein bisschen an kleine Puppenhäuser. Dort wohnten die Handwerker, Tagelöhner und Seeleute. Tagelöhner waren Leute, die immer nur kurz Arbeit hatten und pro Tag bezahlt wurden.

Geheimgang ins Schattenreich

Um zu den kleinen Häusern zu kommen, brach man Öffnungen in Hausfronten. Von vielen der Seitenstraßen gehen diese Gänge ab. Manche sind mit Türen verschlossen, manche sind offen. Du kannst in die Gänge reingehen und gucken. So eine Öffnung in der Fassade hat auch das Haus in der Fischergrube Nummer 38. Links neben der Eingangstür geht es eine Stufe hinunter in den Lüngreensgang. In dem schmalen Gang stehen die Häuser dicht an dicht.

Hühner und Goldeimer

Heute sieht man nicht mehr, dass früher ganze Großfamilien mitsamt Schweinen und Hühnern in den kleinen Buden wohnten. Wasser oder ein richtiges Klo gab es lange nicht. Die Bewohner kippten ihre Nachttöpfe einfach in die Rinne in der Mitte des Weges und holten sich Wasser zum Trinken aus einem Brunnen. In den 1970er Jahren, also vor mehr als 50 Jahren, wurden die letzten Gänge an die normale Kanalisation angeschlossen. Bis dahin kam einmal in der Woche ein Güllewagen und holte die Hinterlassenschaften ab. Dann wurden die »Goldeimer« geleert, wie die Gangbewohner ihre Toiletten-Behälter nannten. Kannst du dir vorstellen, wie schlimm es dort früher gerochen hat?

Auf Katzenpfoten durch die Zeit

Der Lüngreensgang hat eine Besonderheit: Er endet nicht an einer Mauer, sondern führt weiter in den Bäckergang. Schau dir mal ganz genau die Backsteinmauer auf der linken Seite an.

Früher dauerte es Monate, bis die Backsteine für die Wände und Mauern fertig waren. Dafür wurde der Ton für sie in Formen gestrichen und zum Trocknen ausgelegt (siehe R 1).

Dabei ist wohl hin und wieder auch mal eine Katze über die frisch hergestellten Steine gelaufen. Die Abdrücke kann man immer noch sehen.

Hinter der Mauer musst du den Kopf einziehen: Durch den niedrigen Durchgang geht es weiter in die Engelsgrube.

Findest du die Katzentatzen-Abdrücke in der Wand?

Eine Grube mit Engeln

Die Engelsgrube hat rein gar nichts mit Engeln zu tun. Sie hieß ursprünglich auch ganz anders. Wie die Engelsgrube zu ihrem Namen kam, erfährst du in R 5.

Wohnen und Arbeiten unter einem Dach

In der Engelsgrube stehen einige der großen Dielenhäuser, in denen die wohlhabenden Lübecker Kaufleute wohnten. Das Erdgeschoss eines Kaufmannshauses bestand aus einem riesigen Raum, der sogenannten Diele. Die häufig bunt bemalten Innenwände zeigten den Reichtum der Familie. Ein kleiner Raum war direkt neben der Eingangstür von der Diele abgetrennt. Das war die Dornse, das Arbeitszimmer des Kaufmanns. Sie wurde durch einen großen Ofen beheizt. Vom Essbereich in der Diele wurde dieser Ofen befeuert. Es war sehr wichtig, dass es in der Dornse immer warm war. Der Kaufmann schrieb nämlich mit Schreibfeder und einer Tinte, die aus Galläpfeln hergestellt wurde. Galläpfel sind keine richtigen Äpfel, sondern entstehen durch die Eier der Gallwespe, die in Eichenblättern und Ästen abgelegt werden. War es zu kalt, wurde die Tinte fest und man konnte mit ihr nicht mehr schreiben.

Gespenster mitten in der Stadt

Wenn du die Engelsgrube ein Stück hinuntergehst, zweigt rechts die schmale Straße Engelswisch ab. In dem Haus auf Nummer 65 befand sich seit dem 13. Jahrhundert eine Bäckerei. Man hat bei Ausgrabungen sogar einen alten Backofen aus dem Mittelalter gefunden.

Findest du die Nummer 65? Sieht das Haus nicht aus wie eine kleine Burg mit einem Gespenst auf der schmalen Haustür?

Als Lübeck noch ganz jung war, brannte die Stadt gleich zweimal ab. Danach beschloss man, alle Häuser vorsichtshalber aus Stein zu bauen. Bäckereien, in denen ja immer ein Feuer brannte, durften damals nur an Straßenecken gebaut werden. So kam man besser an das Haus heran, falls der Ofen Feuer fangen sollte. Warum man es diesem Bäcker erlaubte, in der Mitte der Häuserreihe sein Geschäft zu eröffnen, weiß man heute nicht mehr.

Eine eigene Welt

Schräg gegenüber der alten Bäckerei zweigt links die schmale Straße Alsheide ab. Durch die breite Toreinfahrt auf der rechten Seite kommst du in das Labyrinth des Hellgrünen Gangs. Am Spielplatz vorbei geht es rechts an einer Reihe kleiner Häuser entlang.

Die Buden, die hier dicht an dicht stehen, teilen sich manchmal sogar die Dächer. Manche sind so niedrig, dass du fast die Dachrinne anfassen kannst.

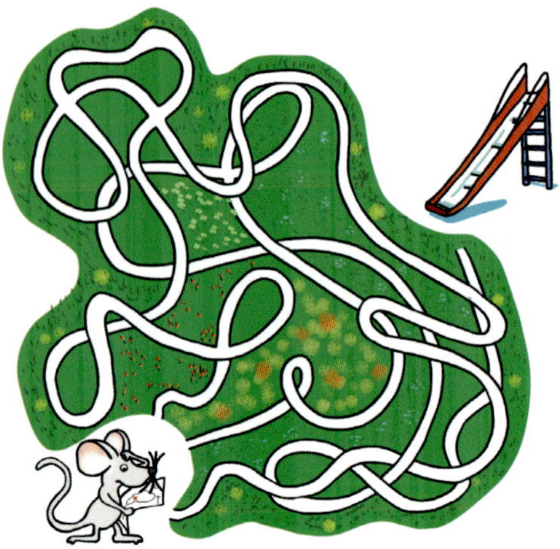

Findest du den Weg, über den die Maus zum Spielplatz kommt?

Im Häuserlabyrinth

Während andere Gänge in Lübeck sehr kurz oder Durchgänge zwischen zwei Straßen sind, stehen im Hellgrünen Gang Häuser in der Mitte, um die du herumlaufen kannst. Es ist ein eigenes kleines Viertel mit mehreren Ein- und Ausgängen. Manche davon sind sehr versteckt. Aber keine Angst, mit der Karte findest du den richtigen Weg. So kommst du zum Beispiel durch einen der Ausgänge an die Untertrave und kannst einen Blick auf die Lisa von Lübeck werfen, wenn sie da ist. Im R 5 erfährst du mehr über sie.

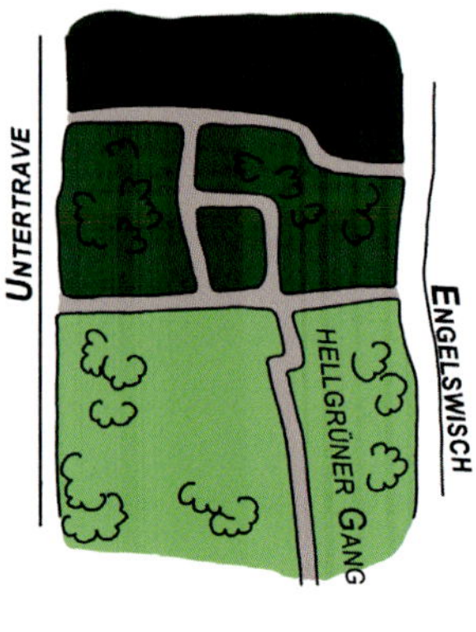

Nachtwächter und Laternen

An manchen Häusern im Hellgrünen Gang hängen außen große Laternen. So etwas gab es auch schon zu Zeiten der Hanse. Damals sahen sie allerdings noch etwas anders aus, denn in den Lampen steckten Talglichter – das waren Kerzen, die aus Fett oder Öl gemacht wurden. Die Nachtwächter waren abends dafür zuständig, dass die Lampen angezündet und später wieder gelöscht wurden.

Ein gutes Versteck

Zwischen Haus 31 und Haus 25 geht der Gang sogar noch weiter. Hinter der Ecke beginnt der Dunkelgrüne Gang. Hier stehen einige sehr moderne Häuser neben ganz alten Buden. Gehe durch den Gang, bis er am Ende scharf nach rechts abknickt. Zwischen den Häusern 18 und 20 liegt der versteckteste und niedrigste Ausgang aus diesem Labyrinth. Findest du ihn?

Du musst dich ganz klein machen, um dir in dem schmalen Gang nicht den Kopf zu stoßen. Angeblich mussten die Durchgänge zu den Gängen und Höfen immer gerade so breit sein, dass ein Sarg hindurchpasste. Aber ob das wirklich stimmt, weiß heute keiner mehr so genau.

Eine gut getarnte Sporthalle

Du kommst wieder im Engelswisch heraus. Siehst du die gewaltigen Giebelhäuser auf der anderen Straßenseite? Was aussieht wie die großen Kaufmannshäuser der alten Hanse-Fahrer ist in Wirklichkeit die Rückfront der Sporthalle einer Schule, die um die Ecke liegt.

Häuser mit Vergangenheit

Du gehst den Engelswisch links entlang, bis zum Ende. In der Großen Altefähre angekommen, folgst du der Straße rechts bergauf bis zur Straßenecke Kleine Altefähre. Guck dir auf dem

Weg mal die großen Backsteinhäuser auf der rechten Seite an. Dort sind über den Türen Wappen in die Mauern eingelassen. Unter manchem steht noch die Jahreszahl, die angibt, wann das Haus gebaut wurde, und was für ein Gewerbe derjenige hatte, der das Gebäude errichtet hat.
Wenn du dich fragst, wieso in den Namen der Kleinen und Großen Altefähre ausgerechnet eine Fähre vorkommt, hat das eine einfache Erklärung. Denn dort, wo die beiden Straßen anfangen, konnte man zu Zeiten der Stadtgründung mit einem Boot auf die andere Seite der Trave übersetzen.

Findest du die Wappen an den Fassaden?

Eine Treppe mit eigener Adresse

Du biegst links in die Kleine Altefähre ein. Nach ein paar Schritten stehst du vor einer großen Backsteinmauer und einer breiten Treppe, die nach oben führt. Diese Treppe ist etwas ganz besonders, denn sie hat eine eigene Adresse und gilt sogar als Straße, die jeder Briefträger kennt.

Die Anschrift der Häuser hier lautet dann auch: Burgtreppe. Hinter der roten Ziegelmauer steht nicht nur das ehemalige Burgkloster, sondern auch das Hansemuseum. In R 5 wird genau erklärt, was du dort alles angucken kannst. Weiter geht es die Stufen hoch. Wenn du der schmalen Straße folgst, die Hinter der Burg heißt, stehst du nach ein paar Schritten in der Großen Burgstraße und fast genau vor dem Burgtor.

Ein löchriges Tor

Das alte Stadttor mit dem Turm in der Mitte und dem grünen, kuppelförmigen Dach bildet den nördlichen Eingang in die Stadt und steht schon seit über 600 Jahren an dieser Stelle. Früher war es Teil der Befestigungsanlagen und sollte Feinde davon abhalten, in die Stadt einzudringen. Nur den Franzosen ist es 1806 gelungen, die Mauern zu überwinden. Was damals passierte, steht im Kapitel Geschichte. Heute hat das Tor vier Durchgänge: Rechts und links sind schmale Toröffnungen für die Fußgänger, in der Mitte können Autos und Busse fahren.
Solltest du eine Stadtrundfahrt mit dem Doppeldeckerbus machen, setz dich nach

oben und zieh den Kopf ein. Der Bus passt gerade so durch die Toröffnung.

Findest du heraus, wann das Burgtor erbaut wurde? Die Antwort steht auf dem Schild am rechten Durchgang.

Ein ganz kleines Haus

Direkt vor dem Burgtor geht rechts eine schmale Straße ab. Das ist die Kaiserstraße. Hier stehen nur wenige Häuser. Die beiden letzten, die auf der Seite des Burgtors stehen, haben etwas ganz Besonderes zu bieten: Sie sind nämlich Teil der Stadtmauer. Das Haus Nummer 5 ist eines der schmalsten Häuser der ganzen Stadt. Wenn du davor stehst und beide Arme weit ausstreckst, erreichst du damit fast die Kanten der Hausmauern.

Ein eigener Turm

Das Haus hat nur Platz für eine schmale Tür und jeweils ein Fenster in jedem Stockwerk. Doch der Eindruck, hier wäre kein Platz für eine ganze Familie, täuscht, denn zum Haus gehört auch noch ein Wehrturm der Stadtmauer, der Kaiserturm. Du kannst ihn sehen, wenn du am Haus vorbei links durch den breiten runden Mauerbogen gehst. Einige der Original-Ziegel, die man auf dem Dach gefunden hat, stammen noch aus dem Jahr 1180. Damals regierte Heinrich der Löwe die Stadt, wie du im Kapitel Geschichte nachlesen kannst.

Wohnhaus für Tauben

Du stehst jetzt vor der Innenstadt und kannst prima das Stück Stadtmauer angucken, das noch erhalten ist. Von hier aus siehst du auch die andere Seite des Burgtors mit den schmalen Fenstern, in denen oft Tauben sitzen und nisten. Über den Fußgängerdurchgang kommst du wieder in die Große Burgstraße.

Kühe in der Stadt

Der kürzeste Weg zurück zum Ausgangspunkt geht geradeaus über den Koberg in die Breite Straße. Der große Platz zu Füßen der Jakobikirche sieht heute etwas langweilig aus. Im Mittelalter fand hier regelmäßig ein großer Markt statt, auf dem die Bauern der umliegenden Dörfer ihre Waren verkauften. Sie nannten den Platz Kaufberg. Später wurden hier Kühe und Fleisch verkauft und so wurde aus dem Kaufberg erst der Kuhberg und dann der Koberg.

Siehst du an der Ecke des Kobergs das kleine Gebäude, das nur aus Seitenteilen und einem Gitterdach besteht? Es erinnert an das Burrecht, das dort früher stand. So nannte man im Mittelalter die Gerichtslaube, in der über die Bauern geurteilt wurde, die im Gebiet zwischen der Festungsmauer und dem Landgraben etwas angestellt hatten.

Wenige Meter hinter dem Koberg biegt rechts die Fischergrube ab. Dann bist du wieder am Anfang der Tour.

4. Rund um den Dom

Vom Fegefeuer zum Mühlenteich

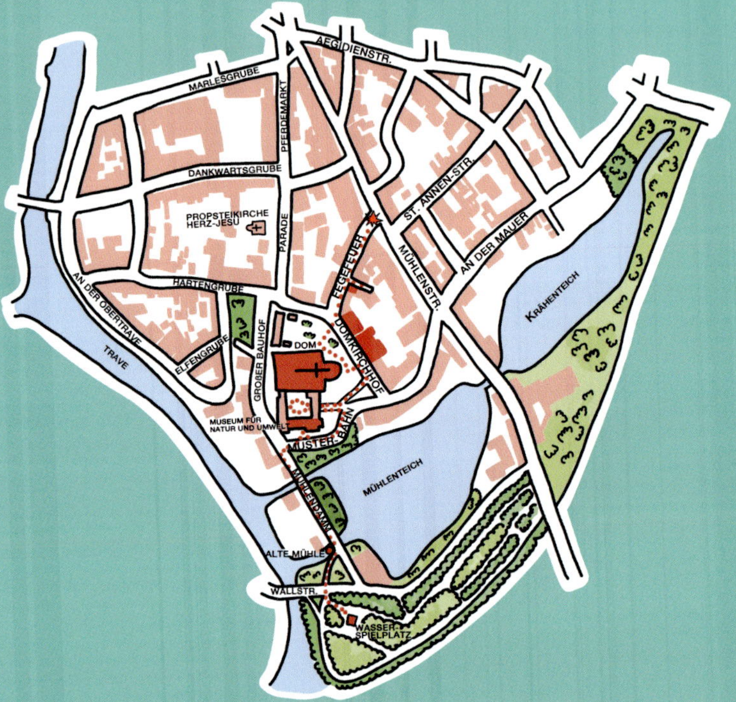

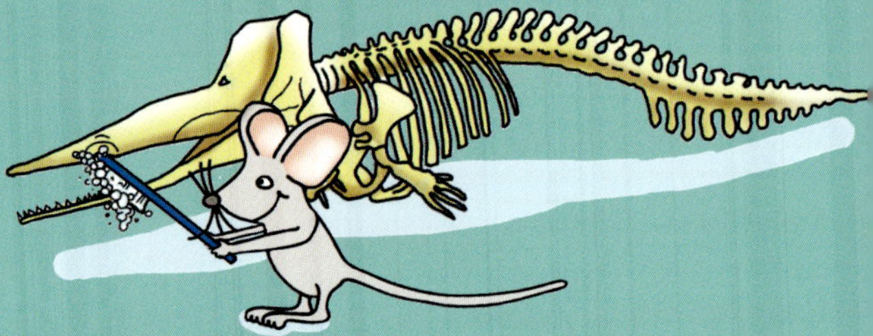

Ausgangspunkt

Fegefeuer/Ecke Mühlenstraße

Diverse Busse bis Haltestelle Fegefeuer

Eine Busfahrt ins Fegefeuer

Weißt du, was das Fegefeuer ist? Im Mittelalter dachte man, dass nach dem Tod die Seele von guten Menschen ins Paradies kommt. Ins Fegefeuer kamen diejenigen, die für das Paradies nicht gut genug waren. Auf die ganz bösen Menschen wartete in der Hölle der Teufel.

Auch in Lübeck gibt es ein Fegefeuer. Da hält sogar der Bus, denn so heißt eine Haltestelle. Die relativ kurze Straße führt von der Mühlenstraße schnurstracks auf den mächtigen Dom zu.

Versteckt in der Kirche

Im Mittelalter endete hier im Fegefeuer die Rechtsprechung der Kaufleute und die der Kirche begann. Spitzbuben, die etwas Schlimmes getan hatten, mussten also durchs Fegefeuer, um sich in der Kirche zu verstecken. Dort waren keine harten Strafen mehr zu erwarten. Doch die Bewohner des Fegefeuers machten es ihnen nicht leicht und schlugen angeblich mit Stöcken nach den Ganoven oder bewarfen sie mit Steinen.

Abkürzung in die Hölle

Auf der Hälfte des Fegefeuers zweigt links ein kleiner Gang ab. Das ist die Hölle. Für die Gauner und Ganoven, die auf der Flucht falsch abbogen und in der Hölle landeten, endete der Weg an einer hohen Mauer. Wie man sich früher die Hölle vorgestellt hat, zeigt das Schild an der Wand des Eckhauses. Dort steckt der Teufel gerade drei Menschen in einen großen Topf. Doch keine Angst, der Teufel hat nie in diesem Gang gewohnt. Heute ist es in der Hölle hell und freundlich. Hier stehen schöne Häuser mit kleinen Vorgärten voller Blumen.

Findest du das Schild mit der Höllenabbildung?

Von der Hölle ins Paradies

Wenn du bis zum Ende des Fegefeuers gehst, läufst du direkt auf den Dom und seine große Vorhalle zu. Dieses Gebäude mit den Säulen, dem hellen Giebel und den Rundbögen über dem Eingang ist das Paradies. Es ist einer der Eingänge in die Kirche. Im Mittelalter tagte in diesem Teil des Doms manchmal das Gericht und die armen Bewohner der Stadt wurden mit Essen versorgt.

Himmlisches Restaurant

Die hungrigen Lübecker waren über die Armenspeisung, wie man das Essen nannte, nämlich so dankbar, dass sie die Vorhalle »Paradies« nannten. So heißt sie bis heute. Zu essen gibt es hier aber schon lange nichts mehr.

Ein Löwe, den es woanders noch einmal gibt

Sieh dir die Statue, die rechts vom Paradies steht, genau an. Kannst du erkennen, was für ein Tier dort steht? Ein Hund? Ein Wolf? Nein, das Tier, das so hoch auf dem Sockel steht, ist ein Löwe.

Er ist das Wahrzeichen von Heinrich dem Löwen, einem der Gründer Lübecks. Dieser ließ eine Löwen-Statue anfertigen, um zu zeigen, wie mächtig er war.

Das Exemplar am Lübecker Dom ist eine Kopie des allerersten Stücks, das in Braunschweig hergestellt wurde. Dort hatte Heinrich vorher gelebt. Der Sage nach hat Heinrich einmal einem Löwen im Kampf gegen einen Drachen geholfen und dieser war ihm so dankbar, dass er ihm bis nach Hause folgte.

Wie lange steht Heinrichs Löwe schon vor dem Dom? Die Antwort findest du auf der Tafel auf dem Sockel der Statue!

Ein Esel in der Schule

Siehst du das große rote Gebäude auf der anderen Straßenseite? Darin sind gleich zwei Schulen untergebracht, eine Grundschule und ein Gymnasium. Schon im Mittelalter gab es hier eine Schule. Meist waren die Lehrer Priester oder Mönche. Der Unterricht war sehr streng. Der Lehrer schlug Schülern, die nicht aufpassten oder ihre Aufgaben nicht gemacht hatten, mit einem Rohrstock oder einer Rute, die auch Pritschholz genannt wurde, auf die Hände. Das tat sehr weh.

Konnte ein Schüler eine Frage nicht beantworten, so stülpte der Lehrer ihm zur Strafe eine Eselskappe auf den Kopf und ließ ihn eine Weile als Esel in der Klasse stehen.
Die Kinder schrieben mit Griffeln – das waren Stifte, die man aus Schiefer herstellte –, auf Wachstafeln. Sie rechneten mit einem Rechenbrett und mit hölzernen Rechenpfennigen, so nannte man flache Holzscheiben, mit denen Kinder zählen lernten.

Der goldene Hirsch

Dass der Dom genau hier steht, hat einen Grund. Angeblich war Kaiser Karl der Große, der einige Jahrhunderte vor der Gründung Lübecks das Land regierte, auf einem Jagdausflug im Norden. Dabei traf er auf einen Hirsch mit einem prächtigen Geweih.

Als Karl der Große seinen Bogen spannte, um den Hirsch zu töten, kniete dieser nieder und schmiegte sich an den Kaiser. Karl war so gerührt, dass er dem Tier ein goldenes Halsband umlegte und ihm die Freiheit schenkte. 400 Jahre später stand dann Heinrich der Löwe an einer Quelle auf der Halbinsel, die einmal Lübeck werden sollte. Plötzlich erschien ein Hirsch mit einem goldenen Halsband, um zu trinken. Für Heinrich war das ein göttliches Zeichen, und so begann er, über der Quelle eine Kirche zu bauen – den Dom. Angeblich gibt es den Brunnen immer noch. Man hört die Quelle rauschen, wenn man das Ohr an die Kirchenmauern presst. Sie soll auch schuld daran sein, dass der Dom schief steht.

Ein versteckter Hof ...

Gehe am Dom vorbei, bis du auf die Straße Domkirchhof triffst und dann nach rechts. Ein kleiner Fußgängerweg führt dich auf die Straße Musterbahn. An der Ecke zum Domkirchhof siehst du einen Kopfsteinpflaster-Weg und am Ende ein großes schmiedeeisernes Tor. Dahinter gelangst du in den Domhof, der zwischen dem Dom und dem Museum für Natur und Umwelt liegt.

... und ein verirrter Wal

Im Glasanbau auf der linken Hofseite siehst du das 14 Meter lange Skelett eines Pottwals. Die Knochen stammen von einem männlichen Wal, der sich in die Nordsee verirrt hatte und dort gestrandet war. Auch wenn er riesig aussieht: Dieser Pottwal war noch ein junges Tier. Erwachsene Tiere werden noch drei bis vier Meter länger. Schau ihm mal ins Maul: Pottwale gehören zu den Zahnwalen.

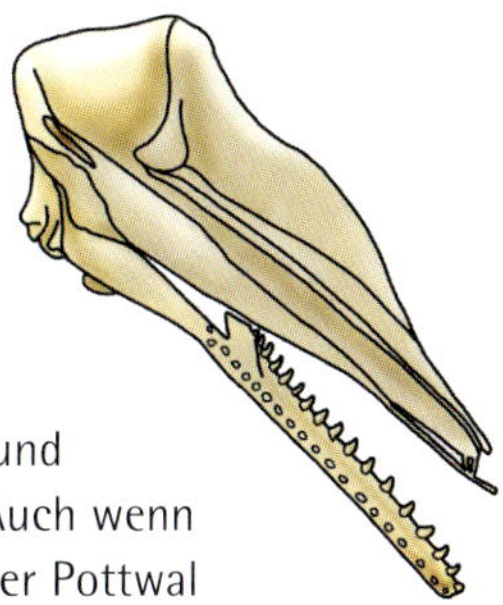

Sie haben allerdings nur unten Zähne und oben passende Taschen im Zahnfleisch. Sie können 2000 Meter tief tauchen und so lange unter Wasser bleiben, wie zwei Schulstunden dauern.

Findest du heraus, wo der Pottwal gestrandet ist? Die Antwort steht auf dem Schild am Wal-Haus!

Versteinerte Wale und Geschichten vom Wassermann

Hast du schon mal etwas vom Roggenbuk gehört? Über dieses Wasserwesen erfährst du mehr in R 6 oder im Museum für Natur und Umwelt. Dort kannst du dir ansehen, wo die Geschichten von den Travenixen und Wassermännern herkommen.

Man sieht Tiere und Pflanzen aus den Flüssen Wakenitz und Trave und aus der Ostsee, die die Vorlage für so manche Sage gewesen sein könnten. Außerdem kannst du hier abtauchen in die Ur-Nordsee: Vor elf Millionen Jahren, als es noch keine Ostsee gab, lag der Ort, an dem sich heute die Stadt Lübeck befindet, am Strand eines warmen Meeres. Im Museum kannst du die versteinerten Knochen riesiger Bartenwale sehen, die in einer Kiesgrube in der Nähe von Lübeck gefunden wurden.

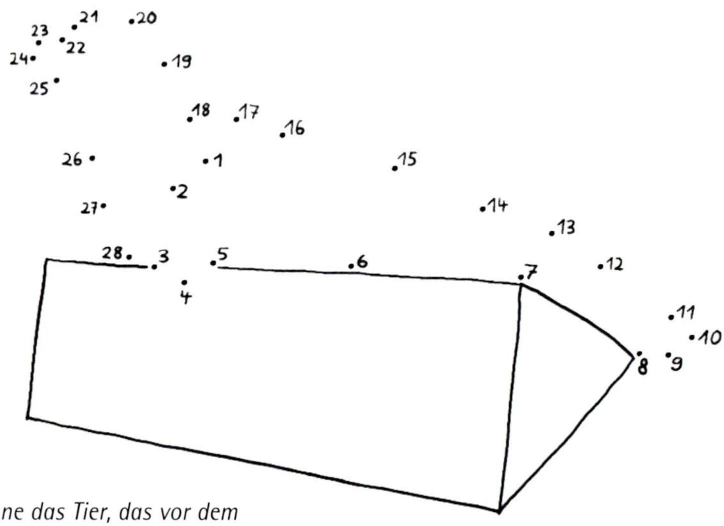

Zeichne das Tier, das vor dem Museum für Natur und Umwelt liegt.

Ein Wasserfall mitten in der Stadt

Überquere vor dem Museum die Straße und gehe auf dem Fußgängerweg nach rechts am Wasser entlang. Dann wendest du dich nach links in den Mühlendamm. Auf dem Zebrastreifen wechselst du dann die Straßenseite. Dort findest du auf der rechten Seite Lübecks einzigen Wasserfall. Die Lübecker Innenstadt ist von viel Wasser umgeben:

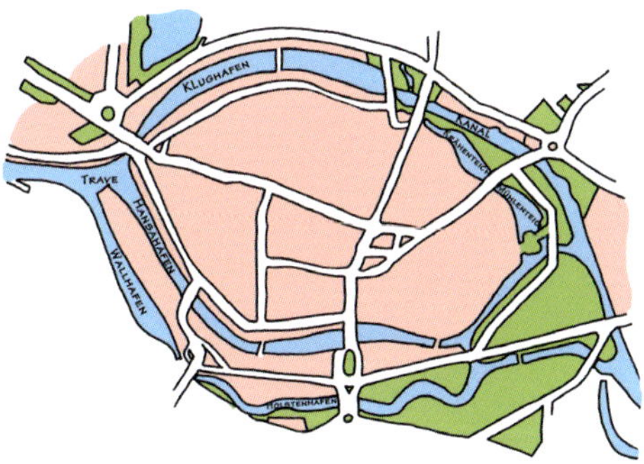

Die Trave fließt an der Altstadtinsel vorbei und bietet Platz für Lübecks Häfen. Doch gleich daneben fließt noch ein zweiter Fluss: die Wakenitz. Ihr Wasser wird innerhalb der Stadt mehrfach hin- und hergeleitet. Es fließt unter Straßen hindurch und durch zwei verschiedene Teiche. An der Stelle, an der du jetzt stehst, fließt das Wasser der Wakenitz aus dem Mühlenteich hinter dir über die Wehranlagen der Stadtmühle in die Stadt-Trave. Direkt neben dem Zebrastreifen befindet sich eine Treppe, die nach unten führt.

Planschen im Grünen

Wenn du an der Mühle und dem Wehr vorbeigehst und dem Fußweg weiter folgst, kommst du an eine kleine Fußgängerampel. Auf der anderen Straßenseite beginnen die Grünanlagen am Kanal. Gehe ein paar Schritte den Fußweg entlang, bis auf der linken Seite ein kleines Tor auftaucht. Dahinter wartet einer der schönsten Spielplätze der Innenstadt auf dich. Im Sommer kannst du in dem großen Wasserbecken herrlich planschen. Doch auch in den anderen Jahreszeiten macht es Spaß, hier zu rutschen oder zu schaukeln. Die Wiese lädt zum Picknicken ein. Im Herbst gibt es viele Eicheln und Kastanien zu sammeln oder du kannst in den Büschen der Grünanlage auf Entdeckungsreise gehen.

5. Hafen und Hanse

Vom Hansemuseum zum Feuerschiff

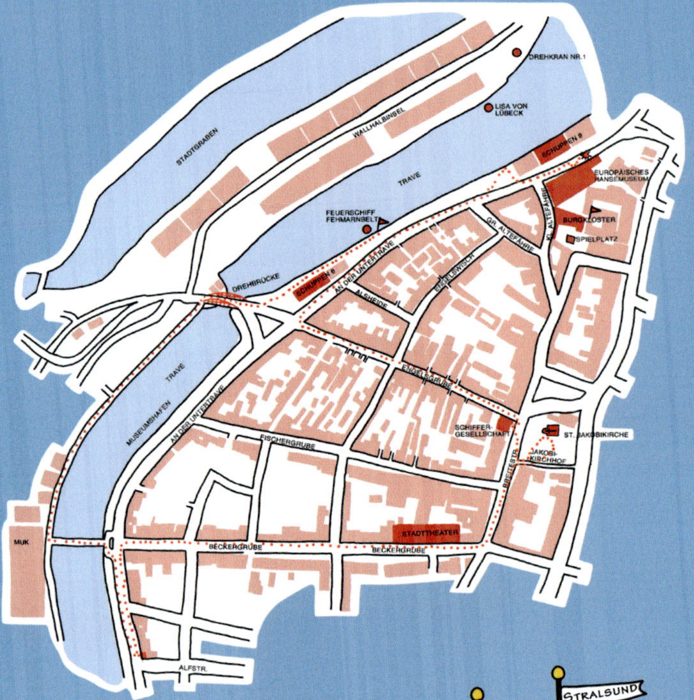

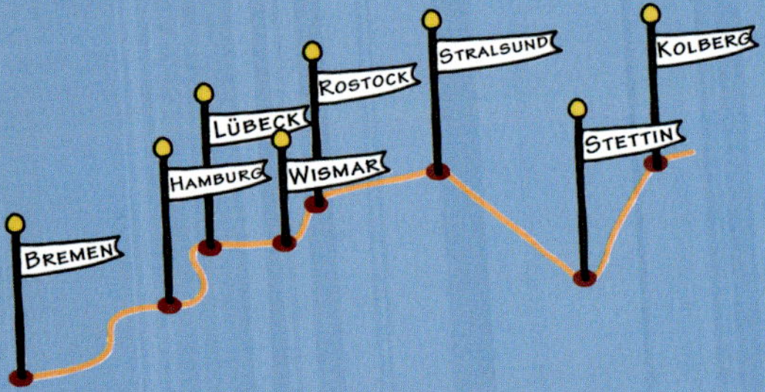

Ausgangspunkt

Europäisches Hansemuseum, An der Untertrave 1

Mit dem Bus bis zur Haltestelle Hansemuseum

Das Hansemuseum und ein altes Lagerhaus

Beginne diesen Stadtrundgang am Europäischen Hansemuseum. Der Bau Ecke Kanalstraße/An der Untertrave wurde im Frühjahr 2015 eröffnet. Nicht ohne Grund steht der Gebäudekomplex genau hier.

Wenn du nach oben schaust, siehst du hinter

dem Neubau auf dem Hügel das mächtige Burgtor mit dem angrenzenden Burgkloster. Am Fuß dieser Burganlage stand im Mittelalter ein wichtiges Gebäude: das Arsenal, ein großer städtischer Lagerraum.

Ab 1337 waren dort zum Beispiel Korn, Steine für den Bau von Häusern, Gerätschaften für den Schiffsbau und seit dem 16. Jahrhundert auch das Lüneburger Salz untergebracht. Das Arsenal stand bis 1857, dann wurde es abgerissen, um das Hafengelände zu erweitern.

Der Bund der Hanse

Im Schutz der Burg, die am einzigen Landzugang der ehemaligen Halbinsel errichtet war, entwickelte sich Lübeck zur Hafen-, Handels- und Hansestadt. Die Hanse-Kaufleute unterstützten einander, wo immer es ging. So teilte man sich zum Beispiel die Kosten für die teuren Frachtschiffe und auch das Risiko, wenn eines von ihnen samt der Ladung unterging.

Viele Städte sind stolz darauf, Mitglied der Hanse gewesen zu sein. Einige von ihnen führen im Autokennzeichen deshalb vor dem Stadtnamen zusätzlich ein »H« für Hansestadt. Welche Städte verbergen sich wohl hinter diesen Nummernschildern: HGW, HH, HB, HRO, HWI, HST und HL?

Alte Spuren

Da Lübeck auf eine so lange Geschichte zurückblickt, kommen bei jedem neuen Bau auf der Altstadtinsel Archäologen zum Einsatz. Sie tragen Schicht um Schicht des Bodens ab, graben nach Funden aus der Vergangenheit und machen dabei oft erstaunliche Entdeckungen. So geschah es auch vor dem Bau des Hansemuseums.

Ein Teil der Grabungsstätte ist in das Museum eingebettet und du kannst dort 800 Jahre in der Zeit zurückreisen. So alt sind die dort gefundenen Spuren nämlich.

Das Gefängnis im Museum

Das mittelalterliche Burgkloster befindet sich ebenfalls auf dem Gelände des Museums. Dort erfährst du viel über den Dominikanerorden, der einst dort lebte, und seine Verbindung zu den Hanse-Kaufleuten. Nach der Reformation im 17. Jahrhundert wurde das Kloster als Armenhaus und ab dem Ende des 19. Jahrhunderts als Gericht und Gefängnis genutzt. Reste der Gefängnismauer und Zellen kannst du noch sehen.

Auf deinem Weg durch das Museum kannst du die Entwicklung Lübecks zur mächtigen Hansestadt nachvollziehen, bekommst Einblicke in die Arbeit der Hanse und erlebst ihren Untergang. Schiffe haben für die Hanse dabei immer eine große Rolle gespielt.

Koggen

hießen die Segelschiffe, mit denen die Kaufleute ihre Waren über die Ostsee und die Nordsee transportierten. Der Boden einer Kogge war ziemlich platt. So konnte man sie auch in flachem Wasser noch manövrieren. Bei Ebbe konnte sie trocken fallen. Das bedeutet, dass die Kogge im Schlick liegen bleiben und das nächste Hochwasser abwarten konnte,

ohne umzukippen oder kaputtzugehen. Koggen waren zwischen acht und dreißig Metern lang. Die ersten Koggen segelten hauptsächlich in der Nähe der Küsten.

Eine kleinere Kogge ist auf dem Lübecker Stadtsiegel abgebildet. Sie hatte noch keine Aufbauten und nur einen Mast.

Der Seemann im Krähennest

Je länger die Strecken waren, die die Kaufleute über die Nordsee und die Ostsee zurücklegten, desto seetüchtiger mussten die Schiffe sein. So wurden Koggen gebaut, die ein Heckruder und höhere Bordwände hatten. Vom erhöhten Achterdeck aus konnte die Schiffsbesatzung mit Armbrüsten auf Angreifer schießen. Außerdem gab es in der Mastspitze der größeren Koggen oft ein »Krähennest«.

So nannte man den Mastkorb, in dem ein Seemann saß und nach Piraten, anderen Schiffen und Untiefen – flachen Stellen im Meer – Ausschau hielt.

Mit Hulk und Kraweel sicher auf See

Im 13. Jahrhundert wurden Dreimaster gebaut, die viel mehr Fracht laden und besser segeln konnten als die Koggen. Sie hießen Hulks. Später verwendeten die Kaufleute dann einen Schiffstyp, der aus Portugal nach Nordeuropa kam: die Kraweel. Das waren besonders stabile Dreimaster.

Sie waren sogar mit Stückpforten ausgerüstet. Das sind Löcher in der Bordwand, durch die mit kleinen Kanonen auf feindliche Schiffe geschossen werden konnte.

Lisa von Lübeck

heißt die Kraweel, die du direkt gegenüber vom Hansemuseum am Behnkai liegen siehst, wenn sie nicht gerade auf großer Fahrt ist. Sie ist ein originalgetreuer Nachbau einer Kraweel, die zur Zeit der Hanse über die Ost- und die Nordsee segelte. Das Schiff, benannt nach der Lübeckerin Lisa Dräger, ist 35,90 Meter lang und 9,30 Meter breit. 2004 wurde der 200 Tonnen schwere Segler nach fünf Jahren Bauzeit zu Wasser gelassen. Seitdem ist es so etwas wie die schwimmende Botschafterin der Stadt. Gerne nimmt sie Gäste mit auf ihre Fahrten.

Hoppla, da ist wohl etwas schiefgelaufen beim Kopieren des Stadtsiegels. Wo stecken die sieben Fehler?

ORIGINAL

FÄLSCHUNG

Im Hansahafen

Trittst du in Höhe des alten Hafenschuppens 9 (gegenüber dem Museum) an die Kaimauer, hast du nicht nur einen schönen Blick auf den Fluss, sondern auch auf den 1892 errichteten Drehkran »No. 1« auf der nördlichen Wallhalbinsel. Früher war er der stärkste Kran im Hafen, seit 1976 ist er aber im Ruhestand. Halte dich links und laufe an der Kaimauer (parallel zur Straße An der Untertrave) Richtung Süden. Dieser Abschnitt des Hafens heißt Hansahafen. Hier wurden früher die Dampfschiffe abgefertigt, die im Linienverkehr nach Dänemark, Schweden, Finnland oder Russland fuhren.

Von Engeln keine Spur

Am historischen Hafenschuppen 6, der aus dem Jahr 1906 stammt, biegst du in die Engelsgrube ab und läufst die Straße bergauf. Der Straßenname hat, anders als du vielleicht vermutest, nichts mit Engeln zu tun, sondern mit Engländern. Zu Zeiten der Hanse fuhren regelmäßig Schiffe von Lübeck auf die britische Insel. Sie mussten im Hafen be- und entladen werden und bekamen dafür den Platz zugewiesen, der sich im Bereich der Engelsgrube befand. Auch andere Straßennamen wie Engelswisch erinnern an die Englandfahrer.

Auf deinem Weg bergauf kommst du an zahlreichen Gängen vorbei, die für Lübeck so typisch sind. Wirf einen Blick hinein, wenn du möchtest.

Viele Straßennamen in der Lübecker Innenstadt verraten auch heute noch, wer dort früher angesiedelt war. Was fand wohl in diesen Straßen statt: Pferdemarkt, Fleischhauerstraße, Glockengießerstraße, Kohlmarkt?

Alte Seebären

Dort, wo die Engelsgrube auf die Breite Straße trifft, befindet sich eine der bekanntesten Gaststätten der Stadt: die Schiffergesellschaft. In dem Gebäude mit den schönen Treppengiebeln tagte seit dem Spätmittelalter der Verband der Seefahrer, die sogenannte Schiffergesellschaft. Sie beriet den Senat, sprach Recht und stellte Schiffspässe aus. Das sind Papiere, in denen die Erlaubnis erteilt wird, Handelsschifffahrt zu betreiben.

Immer was zu reden

Auch heute noch treffen sich die alten Kapitäne regelmäßig an ihrem Stammtisch und besprechen sich. Sicher wird bei diesen Zusammenkünften auch das eine oder andere Seemannsgarn gesponnen!

Als Seemannsgarn bezeichnet man Geschichten, die erfunden oder stark übertrieben sind.

Schwebende Schiffe

Heute wird das schöne Haus als Restaurant genutzt. Du kannst also hineingehen und nachschauen, ob die Seebären gerade ein Treffen haben. Auf jeden Fall solltest du dir aber die vielen Schiffsmodelle ansehen, die unter der Decke der großen Halle hängen. Viele Erinnerungsstücke, die die Kapitäne von

ihren weiten Reisen mitbrachten, schmücken den Raum, der abends von Schiffslaternen und Kronleuchtern erhellt wird. Die große Halle ist übrigens in weiten Teilen noch so erhalten, wie sie im 16. Jahrhundert umgebaut wurde.

Aus welchem Jahr stammt das Haus der Schiffergesellschaft wohl? Du kannst es herausfinden, wenn du vor dem Gebäude stehst und den Blick nach oben richtest!

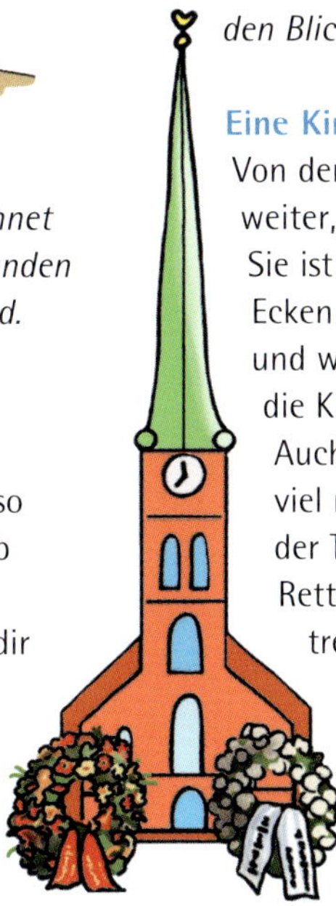

Eine Kirche für die Seefahrt

Von der Schiffergesellschaft gehst du weiter, an der Jakobikirche vorbei. Sie ist an den vier Kugeln auf den Ecken des Kirchturms zu erkennen und war schon zu Zeiten der Hanse die Kirche der Seeleute und Fischer. Auch heute noch hat die Kirche viel mit der Seefahrt zu tun: In der Turmkapelle liegt ein altes Rettungsboot und noch immer treffen sich Seeleute in der Jakobikirche und legen als Erinnerung an verstorbene Seefahrer Blumen nieder (siehe R 2).

Eine Schranke übers Wasser

Wenn du rechts an der Kirche vorbei auf der Großen Burgstraße weiterläufst, macht die Straße eine deutliche Rechtsbiegung in die Beckergrube. Von der Ecke aus kannst du fast bis zur Wasserkante sehen. Einige Häuser auf der rechten Seite stehen unter Denkmalschutz, darunter das Stadttheater, das 1908 gebaut wurde. Die Beckergrube bringt dich zurück zum Hafen, wo du dich nach links wendest. Ungefähr an dieser Stelle, an der Ecke zur Alfstraße, befand sich der allererste Lübecker Hafen.

Auf der linken Seite, an der Ecke zu An der Untertrave, siehst du einen großen Haken in der Hauswand. Zu Zeiten der Hanse war daran ein Seil festgemacht, das wie eine Schranke quer über das Wasser gespannt wurde. Schiffe, die hier vorbeiwollten, mussten erst Geld zahlen.

Eine Stadtmauer, die den Hafen schützt

Lübecks erste Stadtmauer war so angelegt, dass sie nicht nur die Stadt, sondern auch den Hafen schützte. Hier an der Untertrave, wo du gerade stehst, kann man davon heute allerdings nichts mehr sehen. Der Bereich zwischen der Mauer und dem Ufer diente als Handelsplatz, wo auch die Schiffsbesatzungen lebten, kochten und sich die Zeit vertrieben.
Später rückte die Mauer näher an das Ufer heran und es wurden Hafenbefestigungen gebaut, an denen größere Schiffe anlegen konnten, die tiefer im Wasser lagen. Es blieb nun allerdings kein Platz mehr, um die Waren zu lagern. Nach und nach entstanden deshalb in der Nähe große Kaufmannshäuser mit Lagerräumen.

Der Hafen erstreckte sich über die gesamte Länge der Stadt und war zwei Kilometer lang. Im Jahr 1368 sollen 250 Schiffe eine Ladung von insgesamt 50.000 Tonnen mit Hering nach Lübeck gebracht haben.

Historische Schiffe und ein Hafen als Museum

Dein weiterer Weg führt dich über das Wasser. Laufe über die Fußgängerbrücke, die in Höhe der Beckergrube beginnt. Aber Achtung: Die Brücke ist gleichzeitig Fußgänger- und Fahrradweg.
Am Ende der Brücke gehst du nach rechts, auf den Fußweg, der an der Trave entlangführt. Wenn du rechts aufs Wasser schaust, kannst du einige wirklich alte Schiffe sehen. Hier im

Holsten-Hafen befindet sich nämlich der Lübecker Museumshafen. Er hat zwei Teile. An dem einen bist du gerade vorbeigelaufen, der zweite wird durch eine Drehbrücke vom Rest des Hafens getrennt. In diesen Bereich können Schiffe nur dann hineinfahren, wenn sich die Brücke öffnet.

Eine Brücke, die den Schiffen Platz macht

Die Drehbrücke mit ihren beiden Bögen wurde 1892 gebaut. Sie kann von Autos und Eisenbahnen befahren werden und führt von der Altstadtinsel über die Trave zur Wallhalbinsel. Wenn Schiffe durchfahren wollen, muss die Brücke bewegt werden – denn sie passen nicht darunter durch.

Die Wallhalbinsel war ein Verteidigungswall, der die Stadt und den Hafen vor feindlichen Angriffen schützen sollte. Früher war er natürlich höher. Vom eigentlichen Wall ist heute nicht viel übrig.

Du überquerst die Drehbrücke und läufst auf der anderen Flussseite links am Wasser entlang. Dein nächstes Ziel liegt auf der linken Seite: das Feuerschiff »Fehmarnbelt«.

Ein Schiff, das nirgendwo hinfährt

Feuerschiffe sind nicht etwa Feuerlöschboote, sondern schwimmende Leuchttürme. Sie wurden überall dort auf dem Meer verankert, wo man keinen festen Leuchtturm bauen konnte, aber trotzdem vor Gefahrenstellen warnen wollte. Feuerschiffe wurden nach ihrem Lageort benannt.
Die »Fehmarnbelt« ist nicht mehr im Dienst und liegt von September bis April im Lübecker Hafen. Im Sommer ist das feuerrote Schiff manchmal unterwegs. Auf dem Turm in der Mitte siehst du die Leuchtanlage, die auf See das Warnsignal gab. Auch wenn Feuerschiffe nirgendwo hinfahren, hatten sie doch eine Mannschaft. Sie sorgte dafür, dass die Lichter immer funktionierten, und gab bei Nebel einen hupenden Warnton ab.

Von hier aus kannst du den Ausgangspunkt deines Spaziergangs sehen: das Europäische Hansemuseum.

6. Die schönste Tochter und viele dicke Pötte

Vom Strandbahnhof zum Priwall und beidseits der Trave

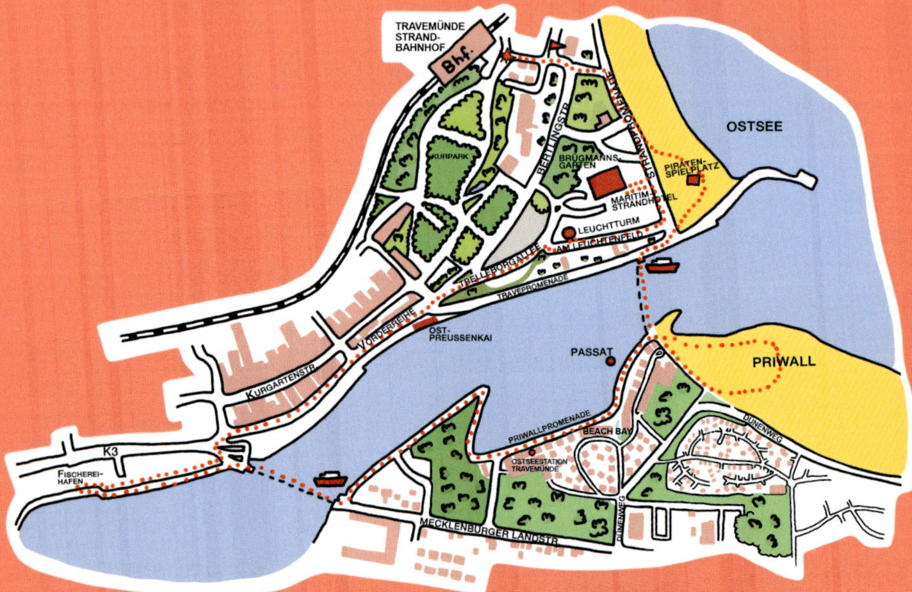

Ausgangspunkt

Travemünde Strandbahnhof, Bertlingstraße 21

Züge von Lübeck bis Travemünde Strandbahnhof

Der Strandbahnhof Travemünde,

an dem dein Rundgang startet, ist über 100 Jahre alt und steht seit 1991 unter Denkmalschutz. Das erste Bahnhofsgebäude für den Kopfbahnhof, der 1898 eröffnet wurde, war noch ein schlichter Holzbau und nur im Sommer in Betrieb. Als immer mehr Badegäste nach Travemünde kamen, baute man den Bahnhof 1912 neu. Dabei erhielt er den auffälligen dreieckigen Giebel, das schöne große Rundbogenfenster, das den Eingang zur Halle markiert, und den Turm mit der großen Abfahrtsanzeige.

Bei einem Kopfbahnhof enden die Gleise im Bahnhof, wie in einer Sackgasse. Um wieder hinauszufahren, müssen die Züge den Bahnhof in umgekehrter Fahrtrichtung verlassen. Alle Schienen laufen auf das hallenartige Empfangsgebäude mit der sichtbaren Stahlkonstruktion zu. Von den ursprünglich vier Gleisen wird heute nur noch eines benutzt.

An der Promenade

Den Strandbahnhof im Rücken läufst du die Bertlingstraße hinunter und am Rand des Brügmanngartens entlang bis zur Strandpromenade. Im Sommer ist hier richtig viel los. Im Park und im Chillgarten mit den bequemen Drehsesseln genießen Urlauber und Travemünder die frische Seeluft und auf den Sandbahnen neben der Promenade wird ausgiebig Boule gespielt. Im Park finden auch Konzerte und Kinovorstellungen unter freiem Himmel statt und die Wasserspiele sorgen mit ihren plötzlich aufsteigenden Fontänen an heißen Tagen für eine willkommene Erfrischung.

Eine einsame Burg und ein Fischerdorf

Travemünde, das liebevoll »Lübecks schönste Tochter« genannt wird, bestand bei seiner Gründung gegen Ende des 12. Jahrhunderts nur aus einer Burg. In ihrem Schutz siedelten sich Bauern und Fischer an und bald darauf wurde der erste Hafen gebaut. Ein Leuchtfeuer wies den Schiffen den Weg und das Örtchen an der Travemündung entwickelte sich zum Vorhafen von Lübeck.

Von Badekarren zum Seebad

Als Ärzte begannen, die heilende Wirkung der Meeresluft zu preisen, schob ein findiger Gastwirt die ersten Badekarren ins Meer und lockte damit Touristen in den Ort. Mit der Ernennung zum Seebad 1802 begann der Aufstieg zum beliebten Kurort mit Casino, Pferderennbahn und Flaniermeile.

Urlaub früher und heute

Auf der Strandpromenade, auf die du rechts einbiegst, spazierten schon Ende des 19. Jahrhunderts Besucher. Berühmte Dichter, Maler, Musiker und Komponisten wie Thomas Mann, Edvard Munch und Richard Wagner waren darunter. Einige von ihnen verbrachten den gesamten Sommer an der See. Heute kommen die Urlauber für ein bis zwei Wochen, viele auch nur als Tagesgäste. Von Ostern bis in den Herbst stehen rund 1200 Strandkörbe auf dem breiten Sandstrand und an Sonnentagen geht es hier sehr quirlig zu. Wo früher die Menschen streng getrennt nach Geschlechtern und in hochgeschlossener Kleidung von den Karren ins Wasser stiegen, planschen heute Männer, Frauen und Kinder gemeinsam.

Von der erhöhten Strandpromenade hast du eine wunderbare Aussicht auf die Ostsee. Besonders zur Travemünder Woche im Juli, einer der größten Segelregatten der Welt, sind die Plätze dort begehrt. Und zum Drachenfest im Herbst, wenn zahlreiche riesige Flugdrachen in den Himmel steigen, bietet sich von ihr der beste Blick auf das Geschehen.

»Piraten ahoi!«

heißt es ein Stück weiter auf dem beliebten Spielplatz direkt am Travestrand. Von der Promenade aus gesehen liegt das gestrandete Piratenschiff mit Ausguck, Steuerrad, Schatzkiste und Holzfässern links von dir. Zeit für eine Spielpause. Vom Ausguck siehst du die dicken Pötte und Fähren, die von den Lübecker Häfen Richtung Ostsee schippern, schon von Weitem. Die Größten unter ihnen kündigen sich vorher mit einem tiefen, wummernden Geräusch an.

Hast du keine Lust auf weitere Kaperfahrten, gehst du bis zum Fluss und biegst dort rechts in die Travepromenade ein. Nach wenigen Metern kommst du an einen Anleger, von dem die Personenfähre auf die andere Flussseite ablegt.

Ein Naturstrand

Mit der Personenfähre hast du in wenigen Minuten die Halbinsel Priwall erreicht. Sie gehört seit 1226 zu Lübeck. Unmittelbar nach dem Verlassen der Fähre stehst du auf dem zweiten großen Strand von Travemünde. Dicht gedrängt stehende Strandkörbe und frisch geharkten Sand wirst du hier nicht finden. Dafür gibt es reichlich Muscheln und Steine auf dem naturbelassenen Küstenstreifen zu entdecken. Und du hast viel Platz zum Drachensteigen, Fußballspielen, Burgenbauen und herrlich flaches Wasser zum Baden und Planschen.

Ein Schiff als Wahrzeichen

Hast du dich ausgetobt, gehst du, das Wasser im Rücken, durch die flachen Dünen auf den Dünenweg und dort rechts zurück an die Trave. Biegst du direkt am Fluss links ab, stehst du nach wenigen Metern vor einem der Wahrzeichen von Travemünde: der »Passat«.

Den Namen eines Windes

trägt die stolze Viermastbark »Passat«. Mit dessen Hilfe fuhr der ehemalige Frachtsegler über die Meere und rund um das gefürchtete Kap Hoorn, die südlichste Spitze Südamerikas. Gebaut wurde das Schiff 1911. Es transportierte viele Jahre Waren auf der Südamerikaroute.

Anschließend wurde es als Frachtsegelschulschiff genutzt und schließlich 1959 von der Stadt Lübeck gekauft. Damals sollte der Großsegler nämlich abgewrackt werden. Zum Glück kam es nicht so weit.
Das Schiff wurde gerettet und liegt seitdem am Eingang zum Travemünder Hafen. Seit 1979 steht es unter Denkmalschutz. Heute wird es für Veranstaltungen genutzt und du kannst

es besichtigen. Wirf einen Blick in die Messe und die Kombüse (so nennen Seeleute den Speiseraum und die Küche), finde heraus, wie der Kapitänssalon aussieht und wie groß der Kartenraum ist. Wenn du möchtest, kannst du auf der »Passat« sogar in einer der Kojen übernachten und dich wie ein echter Seebär fühlen.

Die »Passat« ist vom Bug bis zum Heck (von vorne nach hinten) 115 Meter lang. Wie viele Schritte musst du auf dem Steg neben dem Segelschiff machen, um die ganze Länge abzuschreiten? Die Masten ragen übrigens insgesamt 56 Meter in die Höhe. Wie viele Stockwerke hätte ein Haus dieser Höhe wohl?

Wie ein Ostseeforscher

gehst du in der Ostseestation Priwall auf Entdeckungsreise, einer Mischung aus Aquarium, Mitmachmuseum und Forscherlabor. Dort erfährst du viel Interessantes rund um die Ostsee und ihre Bewohner. Beim Besuch der Station nimmst du an einer Führung teil und machst Bekanntschaft mit den dort lebenden Tieren. Entweder aus sicherer Entfernung, beim Füttern und Anfassen oder unter dem Mikroskop. Zur Ostseestation gelangst du, wenn du von der »Passat« aus rechts flussaufwärts bis zum Hafen Travemünde läufst.

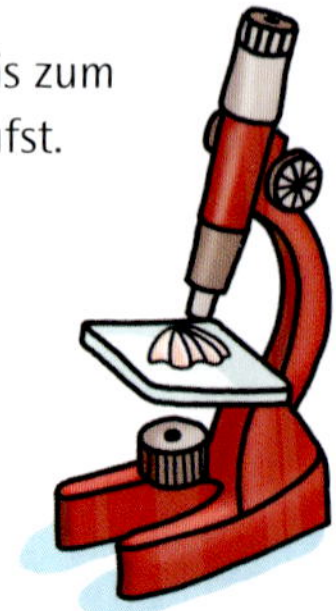

Finde heraus, warum die Ostsee ein Brackwassermeer ist, ob gefährliche Tiere in ihr leben und wie sich Seesterne und Quallen bewegen!

Brackwasser klingt nach dreckigem Wasser? Ganz falsch! Brackwasser ist eine Mischung aus Fluss- und Meerwasser oder, anders ausgedrückt, aus Süß- und Salzwasser.

Trockenen Fußes über den Fluss

Nun spazierst du an der Hafenkante landeinwärts (von der Ostseestation aus links), bis du zur Autofähre an der Mecklenburger Landstraße bei der Seniorenresidenz Rosenhof kommst. Mit der Fähre überquerst du die Trave und hältst dich nach dem Aussteigen links. Auch hier bleibst du wieder direkt neben dem Fluss und kommst so nach wenigen Schritten zum Fischereihafen Travemünde.

Fischbrötchen in der Siechenbucht

Der Hafen, in dem die bunten Fischkutter liegen, gehört zur Siechenbucht. Den Namen bekam sie von dem Hospital und Armenhaus, das seit dem Ende des 13. Jahrhunderts vor den Toren von Travemünde lag. Das Wort »siech«

stammt aus dem Mittelhochdeutschen und bedeutet so viel wie krank oder aussätzig. Damals wurden Menschen, die ansteckende Krankheiten wie Pest oder Lepra hatten, in eigens errichteten Häusern untergebracht – so wollte man die Ausbreitung von Krankheiten verhindern. Es wurde erst vor vierzig Jahren abgerissen, um den Skandinavienkai, an dem heute die großen Fähren anlegen, zu vergrößern. Früher war die Bucht sogar noch größer als heute. Mit enormen Sandaufschüttungen wurde aus einem Teil des Flusses bis 1920 festes Land. So konnte auch der Fischereihafen, in dem du nun stehst, ausgebaut werden. Zwar schaukeln nicht mehr ganz so viele Fischerboote an den Stegen wie damals, fangfrischen und geräucherten Fisch kannst du aber immer noch direkt vom Kutter oder an einem der Verkaufsstände bekommen. Vielleicht hast du Lust, eines der beliebten Fischbrötchen zu probieren.

Die Sage vom grausigen Wassermann Roggenbuk
erzählt von einem Wassermann, der auf einer Harfe aus Menschenknochen in der Siechenbucht spielte. Mit seiner Musik lockte er Menschen an, die er dann mit sich in die Tiefe zog. Das sprach sich schnell herum und alle machten einen weiten Bogen um die Bucht.

Das gefiel dem Wassermann nicht, da er so keine Menschenknochen mehr bekam. Mit den Dorfbewohnern einigte er sich darauf, dass ihm einmal im Jahr eine Jungfrau geopfert wurde und er dafür die Bevölkerung verschonte.

Auf einem der Bilder hat sich ein Fehler eingeschlichen. Findest du ihn?

Dieser Handel bestand so lange, bis ein Ritter kam und den Wassermann tötete. Die vom Ritter verlangte Gegenleistung, ein Haus für die Armen und Kranken, wurde in der Siechenbucht gebaut. Der Wassermann aber wurde im Meer versenkt und erstarrte dort zu Stein.

In der ersten Reihe

Gestärkt geht es auf dem Rundgang weiter. Wandere zurück Richtung Autofähre und dann die Straße mit dem Namen Vorderreihe entlang Richtung Ostsee. In der Vorderreihe, also der ersten Reihe am Wasser, stehen viele alte Gebäude.
Zu den ältesten gehört die Alte Vogtei mit der Hausnummer 7.
Das Haus aus dem Spätmittelalter (um 1500) war Sitz des Lübecker Stadtvogts. Er durfte im Namen der Stadt Geld eintreiben und Streitigkeiten zwischen Bürgern schlichten. Außerdem achtete er darauf, dass keine feindlichen Schiffe über die Trave nach Lübeck fuhren. Später war darin eine Polizeistation untergebracht und heute findest du dort einen kleinen Laden sowie ein Café und Restaurant.

Tiere an der Decke

Du kannst in die Vogtei hineingehen und dir das verwinkelte Haus mit seinen prachtvollen Deckenmalereien ansehen. Bilder römischer Kaiser sind ebenso darunter wie Figuren aus den Tierkreiszeichen. Auch die anderen Häuser in der Straße sind prächtig. Viele von ihnen wurden Ende des 19. Jahrhunderts als Pensionen für die Badegäste gebaut. Jetzt sind in ihnen hübsche Läden, Restaurants und Cafés untergebracht. Am Ostpreußenkai mit seinem gläsernen Fährterminal, an dem die großen Kreuzfahrtschiffe anlegen, geht es vorbei bis zur Trelleborgallee. Hier verlässt du den Weg direkt neben dem Wasser und läufst nun Richtung Leuchtturm.
Bei der Straße Am Leuchtenfeld biegst du

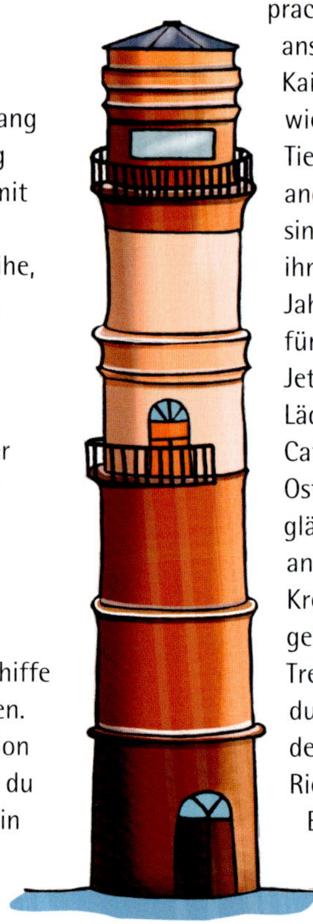

rechts ab und stehst kurz darauf vor dem Alten Leuchtturm von Travemünde.

Der doppelte Leuchtturm

Der Alte Leuchtturm steht seit 1539 an der Travemündung und ist damit der älteste Deutschlands. Noch bis 1972 wies sein Leuchtfeuer den einlaufenden Schiffen den Weg. Nun ist im 32 Meter hohen Backsteinturm das maritime Museum zu besichtigen, und wenn du möchtest, kannst du die 142 Stufen hinaufsteigen und von der Aussichtsgalerie über die Küste und das Meer schauen. Falls du dich jetzt fragst, ob die Schiffe nun den Weg ohne Licht finden müssen, kannst du ganz beruhigt sein. Der neue Leuchtturm steht nicht weit vom alten entfernt, ist auf den ersten Blick aber nicht zu erkennen, obwohl er viel höher ist, genau 114,7 Meter hoch. Das neue Leuchtfeuer befindet sich nämlich auf dem Dach des Maritim Strandhotels. Ähnlich wie beim Alten Leuchtturm kannst du einen Blick von oben riskieren, denn im letzten Stockwerk ist das Restaurant Über den Wolken.

Ab nach Hause

Den Weg vom Alten Leuchtturm zum Hotel Maritim kannst du nicht verfehlen. Das hohe Gebäude ist unübersehbar. Der kürzeste Weg führt über Am Leuchtenfeld zur Strandpromenade und dort nach links. Auf der Strandpromenade trittst du dann auch den Rückweg zum Strandbahnhof an. Gehe in westlicher Richtung (vom Maritim aus links) bis zum Ende des Brügmanngartens. Dort biegst du links ab und gelangst über die Bertlingstraße zurück zum Strandbahnhof.

7. Was du in und um Lübeck noch alles unternehmen und anschauen kannst

Wenn du alle Spaziergänge gemacht hast, bist du schon ein echter Lübeck-Kenner. Trotzdem hat die Stadt dir noch einiges zu bieten. Hast du Lust, Abenteuer auf dem Wasser zu erleben, mit einer alten Diesellok zu fahren oder in einem Buchladen nur für Kinder zu stöbern? Dann nimm dir noch ein bisschen Zeit für Lübeck! Spannende Tipps sind hier für dich zusammengefasst:

Ab ins Grüne

Spiel, Spaß und Sport

Unterwegs auf dem Wasser

Kunst und Unterhaltung

Hunger und Durst

Schau mal rein

Forschen und Entdecken

Die Buslinien, die dich zu deinen jeweiligen Zielorten bringen, findest du auf deinem Handy mit der Navi-App oder auf https://www.nah.sh.

Ab ins Grüne

Die Wallanlagen erkunden 1
Über den Schneckenberg zur Bastion Katze

Ausgangspunkt: Welcome Center, Holstentorplatz 1

Eine Wanderung auf dem alten Befestigungswall rund um die Altstadtinsel macht dir sicher Spaß. Laufe in Richtung Puppenbrücke und gehe dann am Stadtgraben entlang. Wenn du den Schneckenberg über einen schneckenförmig gewundenen Weg erklommen hast, stehst du auf dem Rest der Bastion Katze und hast eine schöne Sicht auf St. Petri und den Dom.

Die Wallanlagen erkunden 2
Wipperbrücke, Wasserspielplatz, Krähenteich

An der Freilichtbühne vorbei geht es weiter zur Wipperbrücke. Hier wurden vor knapp 400 Jahren Kaufleute, die ihre Kunden betrogen hatten, gewippt. Das bedeutet, dass sie so lange ins Wasser getaucht wurden, bis sie ertranken. Von hier aus kannst du den Wasserspielplatz schon sehen. Vielleicht willst du dort spielen und toben? Ein wenig oberhalb des Spielplatzes siehst du das Kaisertor. Wenn du weiter am Wasser entlanggehst, erreichst du zunächst den Mühlen- und dann den Krähenteich.

Durch die Krähenstraße läufst du wieder in die Altstadt. Die Wahmstraße führt bergauf zum Café Niederegger. Am Rathausmarkt biegst du in die Holstenstraße ein und kehrst zurück zum Welcome Center am Holstentor.

Schulgarten

An der Falkenwiese
Tel. 0451/122 67 13
www.luebecker-schulgarten.de

Der Garten wurde vor mehr als 100 Jahren angelegt, um Schulkindern den Biologieunterricht etwas anschaulicher zu machen. Keine schlechte Idee, nach draußen zu gehen und die Nase in den Blütenkelch zu stecken statt in ein olles Buch. Inzwischen dürfen aber nicht nur Schüler mit ihren Lehrern in den Garten, sondern jeder, der Spaß an Pflanzen hat oder auch nur ein ruhiges Plätzchen zum Lesen sucht. Viel gibt es zu entdecken und erforschen. Leben in dem Seerosenteich Fische? Wie groß können Blätter werden? Was ist ein Alpinum? Lauf los, schnupper dich durch und gönn dir zum Schluss ein Eis in dem kleinen Café im Gewächshaus.

Naturerlebnisraum Fackenburger Landgraben

Reinsbeker Straße, gegenüber der Tankstelle

Hier kannst du am Fackenburger Landgraben entlangwandern und dabei spielen, entdecken und forschen so viel du willst. Eine riesige Raupe aus Findlingen lädt zum Klettern und Balancieren ein. Erkunde die Tunnel und Höhlen oder nimm einen Kescher mit und schau, welche Tiere und Pflanzen du aus dem Bach fischen kannst. Vielleicht baust du dir lieber einen Unterstand? Oder du kletterst auf einen Baum und betrachtest die Welt einmal von oben?

Spiel, Spaß und Sport

Minigolf Wallanlagen

Wallstraße 20

Tel. 0451/744 33

In unmittelbarer Nähe zum Freilichttheater in den Wallanlagen und direkt gegenüber von der Altstadtinsel kannst du zusammen mit Eltern oder Freunden den Schläger schwingen. Wer wohl gewinnt?

Erlebniswelt Hülshorst

Sportpark Hülshorst GmbH, An der Hülshorst 11

Tel. 0451/321 11

www.erlebniswelt-huelshorst.de

Bowling spielen mit Cowboys oder Rittern, mit einem Minigolfschläger bewaffnet durchs Piraten-Abenteuerland reisen, auf 18 Bahnen im Schwarzlicht Minigolf spielen (am besten im weißen T-Shirt), die geheimnisvolle Kristallhöhle oder die Unterwasserwelt erkunden – wenn du an solchen Sachen Spaß hast, dann ist die Erlebniswelt Hülshorst genau das Richtige für dich.

Spielplatz im Drägerpark

Rudolf-Groth-Straße

www.spielplatznet.de/spielplatz/2073/Lübeck/Drägerpark

Egal ob es Sommer oder Winter ist, im Drägerpark ist jede Menge los. Wenn im Winter Schnee liegt, findest du hier eine gute Rodelbahn. Im Sommer bietet dir der große Spielplatz wunderbare

Angebote: Wippen, Rutschen, Schaukelgeräte, eine Seilbahn, eine große Kletterpyramide, einen Bolzplatz und ein Wasserareal zum Matschen und Moddern.

Bauspielplatz Bunte Kuh

Seitenstraße 12
Mo bis Do 13–19 Uhr,
Tel. 0451/122 51 28 und 0451/122 51 29
www.luebeck.de/de/stadtleben/familie-und-bildung/jugendliche-und-junge-erwachsene/freizeit-und-ausserschulische-bildung/jugendzentren/bauspielplatz-buntekuh.html

Hier kannst du Hütten bauen, kochen, basteln, Fußball spielen und vieles, vieles mehr. Für besondere Projekte oder Ausflüge, die immer freitags stattfinden, ist eine Anmeldung erforderlich.

Skatepark Lübeck

Kanalstraße 106, Höhe Fleischhauerstraße

Quarters, Spine, Funbox und Rails – das alles gibt es im 1350 Quadratmeter großen Skatepark. Egal ob du mit dem BMX-Rad, mit den Inlinern oder mit deinem Skateboard unterwegs bist – hier triffst du bei gutem Wetter jede Menge Gleichgesinnte.

Altstadtbad Krähenteich

An der Mauer 51
Tel. 0451/202 64 66
www.altstadtbad-kraehenteich.de

Im Freibad Krähenteich schwimmen keine Krähen, obwohl der Name das vermuten lässt. Aber vielleicht schwimmst und planschst, buddelst und spielst du dort ja einmal? Nach einem sonnenheißen Rundgang durch die Lübecker Altstadt laden Liegewiese, Spielgeräte und der See zum vergnüglichen Baden, Spielen und Entspannen ein.

Naturbad Falkenwiese

Wakenitzufer 1b
Tel. 0451/794 315
www.naturbad-falkenwiese.info

Fast so wie vor hundert Jahren sehen die Badestege und die schönen, hölzernen Umkleidekabinen in dem alten Naturbad aus. Aber du kannst dort nicht nur schwimmen, sondern auch Theateraufführungen besuchen, Sommerfeste feiern oder deinen Favoriten bei einem Schwimmwettbewerb anfeuern.

Wasserspiele

Eine kühle Erfrischung bieten auch die Wasserspiele, die über die Stadt verteilt sind. Wenn du durch die Fußgängerzone in Richtung Dom gehst, kommst du am Kohlmarkt beim ersten vorbei. Hier kannst du durch Fontänen laufen und versuchen, den Wasserstrahl einzufangen. Nur wenige Schritte weiter ist auf dem Klingenberg das nächste Wasserspiel. Auch an der Obertrave/Ecke Marlesgrube findest du eines. Dort kannst du spielen, während deine Eltern an der Promenade entlangbummeln oder in einem der vielen Cafés einen Kaffee trinken.

Unterwegs auf dem Wasser

BOAT-NOW – see the best of Lübeck

An der Obertrave/Ecke Marlesgrube
E-Boot-Verleih
Ticket-Reservierung nur online oder direkt am Steg
www.boatnow-luebeck.de

Zusammen mit deinen Eltern kannst du eines der E-Boote mieten, die ohne Führerschein ab dem Alter von 18 Jahren gesteuert werden dürfen. Dann schippert ihr emissionsfrei durch die Stadt-Trave oder den Trave-Kanal und erkundet Lübeck vom Wasser aus. Vielleicht entdeckst du sogar seltene Vögel!

Eine Schifffahrt auf der Wakenitz

Wakenitzschifffahrt Quandt oHG,
Wakenitzufer 1c
Fahrten Ende April bis Mitte September,
Tel. 0451/793 885
www.wakenitz-schifffahrt-quandt.de

Es macht Spaß, bei Kakao und Kuchen mit dem Schiff über die Wakenitz von Lübeck nach Rothenhusen und wieder zurück zu schippern. An manchen Stellen ist der verwunschene Fluss sehr schmal. Du hast dann vielleicht das Gefühl, dass ihr dort stecken bleibt, aber keine Sorge, es geht schon weiter!

Lübecker Barkassenfahrt

Stühff – Lübecker Barkassenfahrt,
An der Obertrave 14
Tel. 0451/707 82 22 oder 0171/52 45 493
www.luebecker-barkassenfahrt.de

Mit der original Hamburger Hafenbarkasse »Adolf Stühff« oder der liebevoll restaurierten historischen Senatsbarkasse »Gaby Stühff« kannst du in den modernen Hafen und auf den Elbe-Lübeck-Kanal fahren. Du siehst vom Schiff aus das malerische Domviertel, fährst durch den Lachswehrgraben und den Stadtgraben und bestaunst die historischen Verteidigungsanlagen.

Kunst und Unterhaltung

Freilichtbühne Wallanlagen Theater & Musik

Wallstraße 20
Kartenbestellung: Tel. 04194/75 64
www.freilichtbuehne-luebeck.de
Mitten in der Altstadt Lübecks, zwischen Wasser und Grünanlagen, sind Wickie, Michel, Pettersson und Findus und viele andere immer wieder zu Gast. Hier kannst du im Sommer aufregende, lustige und spannende Theaterabenteuer auf der großen Freilichtbühne miterleben.

Lübecker Wasser Marionetten

Kanalstraße 108
Tel. 0451/293 75 81 oder 0177/47 75 140
www.wassertheater.de

Marionetten, die sich unter Wasser tummeln? Gibt's das wirklich? Ja, im weltweit einmaligen Lübecker Wasser Marionetten Theater. Hier spielt sich alles unter Wasser in unterschiedlich großen Becken ab. Nicht nur der Regenbogenfisch und der Seehase tauchen durch die bis zu 3000 Liter fassenden Theaterbecken, nein, hier kannst du immer wieder neue spannende Theaterstücke für Groß und Klein bestaunen. Ein Besuch lohnt sich auf jeden Fall!

Theater am Tremser Teich

Warthestraße 1a
Tel. 0451/479 20 47
www.theater-am-tremser-teich.de
Schau dir eine der wunderbaren Aufführungen an oder feiere mit deinen Freunden Geburtstag, studiert in vier Stunden ein spannendes Theaterstück ein und lasst euch bei einer Bühnenführung erklären, wie es hinter den Kulissen zugeht. Schulklassen und Kindergartengruppen können auch Vormittagsveranstaltungen buchen.

Hunger und Durst

Strandsalon

Willy-Brandt-Allee 25
Tel. 0176/15 155 988
www.strandsalon.de

Im Strandsalon auf der nördlichen Wallhalbinsel sitzt du gemütlich in Liege- oder Schaukelstühlen, erfrischst dich im kleinen Pool oder vergnügst dich auf dem Spielplatz mit dem gestrandeten Schiff. Deine Eltern dürfen währenddessen entspannen und Kaffee oder Cocktails trinken. Am schönsten ist hier aber, dass du auf dem ganzen Gelände barfuß und mit den Zehen im feinen Sand unterwegs sein kannst. Wie am Strand eben.

Soulmade I scream

Fleischhauerstraße 61
Tel. 0174/306 08 49
www.facebook.com/ iscreamsoulmade

Hier gibt es das absolut beste Eis von Lübeck! Dass es mit ganzer Seele hergestellt wird, schmeckt man. Es gibt keine aufwendig dekorierten Eisbecher, keinen Kaffee, keinen Kuchen, es gibt einfach nur – EIS. Davon aber ganz besondere Kreationen: Heidelbeere mit Haselnusskrokant, Gurke-Limette mit Dill, Stachelbeer-Sorbetto und viele Sorten mehr. Wenn das Eis ausverkauft ist, schließt der Laden. Manchmal schon um 16 Uhr.

Marzipansalon Niederegger

Café Niederegger
Breite Straße 89
Tel. 0451/530 11 26
www.niederegger.de

Wenn du leckeres Marzipan nicht nur naschen möchtest, sondern dich auch für die Geschichte dieser süßen Köstlichkeit interessierst, dann bist du bei Niederegger goldrichtig. Hier kannst du viele herrliche Kuchen und Torten oder gutes Eis probieren. Im zweiten Stock findest du das Marzipan-Museum und bist eingeladen, dich auf eine Zeitreise zu begeben. Begleite das Marzipan auf seiner langen Reise vom Orient bis nach Lübeck.

Lübecker Marzipan-Speicher

An der Untertrave 98
Tel. 0451/897 39 39
www.marzipanland.de

Im Marzipan-Speicher gibt es ebenfalls ein Marzipan-Museum und ein Café. Und wenn du die Marzipan-Show

besuchst, kannst du dort sogar dein Marzipan-Abitur machen, indem du eine Marzipan-Rose oder einen Marzipan-Hund herstellst.

Schau mal rein

Vorwerker Kleinbahn im Bürgerpark

Triftstraße 139–143
Ostern bis Anfang November jeden Samstag um 10 und um 11 Uhr
Tel. 0451/400 21 87
www.diakonie-nordnordost.de

Einmal mit einer alten Diesellok fahren macht Spaß: Die Dieselloks fahren mit vier Personenwagen durch den Bürgerpark.

Kinderliteraturhaus

Fleischhauerstraße 71
Tel. 0451/707 38 123
www.buecherpiraten.de

In der Fleischhauerstraße 71 steht Deutschlands einziges Kinderliteraturhaus. In dem historischen Dielenhaus finden alle Projekte des Vereins Bücherpiraten e.V. statt. Die Kinder und Jugendlichen, die in verschiedenen Gruppen mitarbeiten, dürfen viel selbst bestimmen. Durch Teamarbeit und viele Diskussionen mit Gleichaltrigen entstehen kreative Projekte wie die Jugendbuchtage, die zu Beginn jedes Jahres stattfinden, oder das Bücherpiraten-Festival im Herbst.

Im Erdgeschoss des Kinderliteraturhauses befindet sich ein Buchladen, in dem du gebrauchte Kinder- und Jugendbücher kaufen kannst. Die Erlöse fließen als Spende in die Arbeit der Bücherpiraten.

Forschen und Entdecken

Geschichtserlebnisraum Lübeck

Bauspielplatz Roter Hahn e. V.,
Pommernring 58, Lübeck-Kücknitz,
Bahnhof Lübeck-Kücknitz
Tel. 0179/393 18 97
www.geschichtserlebnisraum.de

Willst du wissen, wie die Wikinger lebten? Wie es in einer mittelalterlichen Schmiede zuging? Wie früher Tongefäße und Kleidung hergestellt wurden? Dann ist der Geschichtserlebnisraum Lübeck für dich die richtige Adresse. Seit seiner Gründung 1999 wurden hier mit der Hilfe von vielen Kindern unter anderem ein Lang- und ein Grubenhaus der Wikinger, eine mittelalterliche Schmiede, ein slawisches Blockhaus, zwei Gärten und eine Holzstabkirche originalgetreu nachgebaut.

Das mittelalterliche Frühlingsfest

ist der neue Höhepunkt des Geschichtserlebnisraums und findet immer im April/Mai statt. Den genauen Termin findest du auf der Internetseite des Geschichtserlebnisraums. Wenn du dann gerade in Lübeck bist, kannst du Straßenkunstvarieté bestaunen, dich beim Mitmachzirkus ausprobieren und ganz viel Livemusik anhören. Du kannst natürlich auch im Klettergarten klettern und balancieren, auf der nachgebauten Gutenberg-Druckerpresse drucken oder einfach nur die vielen Tiere, die auf dem großen Gelände leben, besuchen. Du triffst dort Jakobsschafe, Thüringer Waldziegen, altdeutsche Hütehunde, englische Parkrinder, Exmoor Ponys und Schleswiger Kaltblutpferde, die heute alle vom Aussterben bedroht sind. An bestimmten Kulturwochenenden öffnet der Geschichtserlebnisraum jeweils um 12 Uhr, dann gibt es tolle Führungen und Aktionen.

B	L	O	C	K	H	A	U	S	L
Z	N	O	N	M	M	R	L	Y	K
Z	H	S	C	H	M	I	E	D	E
I	L	X	W	V	U	S	L	N	E
E	G	L	H	H	F	Z	S	V	E
G	F	T	W	S	H	Y	W	V	E
E	I	W	I	K	I	N	G	E	R
O	P	T	H	B	L	X	B	I	I
G	L	A	S	P	E	R	L	E	N
L	G	P	U	A	C	G	I	P	D

Hier haben sich sechs Wörter zum Bauspielplatz versteckt. Findest du sie?

Museum für Natur und Umwelt

Musterbahn 8
Tel. 0451/122 41 22 (Di bis So)
www.museum-fuer-natur-und-umwelt.de

Wenn du mehr über die Natur rund um Lübeck erfahren willst, bist du im Museum für Natur und Umwelt richtig. Im Erdgeschoss liegen die Skelette riesiger ausgestorbener Wale, die aus einer Kiesgrube in der Nähe geborgen wurden. Hier befand sich vor elf Millionen Jahren die Ur-Nordsee. Im ersten Stock tauchst du in die (Unter-)Wasserwelt ein. Hier geht es um die Flüsse Wakenitz und Trave und um die Ostsee. In einem Anbau aus Glas kannst du das riesige Skelett eines Pottwals sehen. Im dritten Stock des Museums findest du wechselnde Sonderausstellungen und einen gläsernen Bienenstock mit lebenden Bienen.

Stadtführungen im historischen Gewand speziell für Kinder

Tel. 0451/76219
www.gassenwandlerin.de
Nele Steen, die Frau eines Stecknitzfahrers (also eines Flussschiffers, der Salz transportierte), macht mit dir einen Zeitsprung zurück in die Vergangenheit. Gekleidet wie ein altertümlicher Nachtwächter, führt Nele dich durch die Stadt und erzählt dabei, wie die Lübecker im Mittelalter lebten.

St.-Annen-Museum

St.-Annen-Straße 15
Tel. 0451/122 41 37
www.st-annen-museum.de
Das ehemalige Kloster ist eine wahre Schatzkiste. Hier kannst du Zeitreisen in verschiedene Jahrhunderte unternehmen und dabei nicht nur alte Altäre oder Möbel entdecken. Hole dir an der Kasse »Schwester Annas geheimes Buch« ab und tauche damit in die Geschichte des Klosters ein. Im eigenen St.-Annen-Kinderbereich wird gezeigt, wie die Kinder früher lebten – die reichen Kaufmannskinder genauso wie die armen Gassenbewohner.

Industriemuseum Geschichtswerkstatt Herrenwyk

Kokerstraße 1–3
Tel. 0451/122 41 95 und 0451/122 41 94
www.geschichtswerkstatt-herrenwyk.de
Die Geschichtswerkstatt beschäftigt sich mit den Lebens- und Arbeitsbedingungen der Arbeiter des früheren Hochofenwerks im Stadtteil Herrenwyk. Das Werk, das 1907 direkt an der Trave entstand, produzierte Roheisen und Koks. Für die vielen Arbeiter wurde ein ganz neuer Stadtteil entworfen und gebaut. Das Museum ist in einem ehemaligen Siedlungshaus untergebracht.

Rätsellösungen

Seite 9: Das vierte Beil von links ist aus der Gegenwart.

Seite 10: Dänemark, Schweden, Norwegen und Finnland bilden Skandinavien.

Seite 21: Der Flussgott Trave trägt ein Ruder, Merkur hat einen Geldbeutel und einen flachen Filzhut. Die Eintracht hält ein Bündel Stäbe. Der Friede hat einen Ölzweig in der Hand. Den römischen Krieger erkennst du an Lanze und Schwert. Die Vorsicht schaut in einen Spiegel oder eine Lupe. Neptun hat ein Pferd bei sich. Zu Füßen der Freiheit sitzt eine Katze.

Seite 23: Das Relief befindet sich an dem Gebäude, in dem heute ein Bekleidungsgeschäft ist. Wenn du mit dem Rücken zum Holstentor an der Ampel stehst, siehst du es über einem der Backstein-Torbögen.

Seite 29: Die Maus in der Marienkirche hat sich richtig gut versteckt. Frage einen Kirchenführer, wo sie sitzt.

Seite 31: Die Namen der Kirchtürme von links nach rechts: Marienkirche, Petrikirche, Jakobikirche, Aegidienkirche, Dom

Seite 31: Die Armleuchter findest du im Vorraum des Heiligen-Geist-Hospitals, oben an den Pfeilern.

Seite 34: Die Tierspuren findest du oben an der Backsteinmauer, vor dem Durchgang zur Engelsgrube.

Seite 37: Schau dir mal die Häuser Nummer 13 und 15 an. Dort findest du die Wappen an der Fassade.

Seite 38: Das Burgtor wurde 1444 erbaut.

Seite 41: Das Schild erkennst du oben an der Hauswand. Es ist sehr dunkel, und um den Schriftzug zu sehen, musst du sehr genau hingucken.

Seite 42: Der Löwe steht seit 1975 vor dem Dom.

Seite 44: Der Pottwal strandete auf Römö (auf Dänisch Rømø).

Seite 47: Die Autos stammen aus:
HGW Hansestadt Greifswald
HH Hansestadt Hamburg
HB Hansestadt Bremen
HRO Hansestadt Rostock
HWI Hansestadt Wismar
HST Hansestadt Stralsund
HL Hansestadt Lübeck

Seite 49: Das sind die Fehler:

Seite 50: Angesiedelt waren am Pferdemarkt Pferdehändler, am Fleischhauermarkt Fleischer, in der Glockengießerstraße Glockengießer und am Kohlmarkt Kohlenhändler.

Seite 51: Das Haus stammt aus dem Jahr 1535.

Seite 58: Bei einer durchschnittlichen Stockwerkhöhe von drei Metern hätte ein Haus, das so hoch wie die »Passat« ist, 18 Stockwerke!

Seite 58: Die Ostsee ist ein Brackwassermeer, weil in ihr salziges Wasser sehr viele Süßwasserflüsse münden. Das Petermännchen, ein Fisch mit giftigen Stacheln, kommt in der westlichen Ostsee vor. Die beiden anderen Antworten findest du bei einem Besuch der Ostseestation.

Seite 59: Auf dem rechten Bild ist ein Knochen der Knochenharfe länger.

Seite 70: Es haben sich die Wörter Blockhaus, Schmiede, Wikinger, Glasperlen, Rind und Ziege versteckt.

Register

Kathrin Sander · Michael Lengenfelder

Hamburg
Stadtführer für Kinder

80 Seiten, broschiert, durchgehend vierfarbig
2., aktualisierte Auflage
ISBN 978-3-85452-169-3

»Die Tipps aus diesem Familien-Reiseführer machen den City-Trip zum entspannten Erlebnis für alle.« Für Sie

»Wunderschön, farbenfroh und witzig illustriert. Jede Seite ist bunt und kurzweilig. Sehr zu empfehlen!« Forum Jugendliteratur BLLV

»Das kleine Buch macht Lust auf die Stadt.« ekz Bibliotheksservices

Picus Verlag Wien

Martina Gorgas · Sibylle Vogel

München
Stadtführer für Kinder

72 Seiten, broschiert, durchgehend vierfarbig
3., aktualisierte Auflage
ISBN 978-3-85452-892-0

»Spielerisch zeigt Martina Gorgas' München-Führer für Kinder auf sechs Spaziergängen die bayerische Millionenstadt. Lustige Zeichnungen und Rätsel animieren dazu, sich mit einer Metropole auseinanderzusetzen, von der manche Leute meinen, dass ein Leben nicht ausreicht, um hier alles gesehen zu haben.« Buchjournal

»Wie man mit Kindern eine Großstadt besichtigt, und zwar so, dass sie auch etwas davon haben, nicht jammern oder gar den Beschluss fassen, Kultur sei langweilig und öde – das führt der schmale Stadtführer für Kinder hier beispielhaft vor.« Bayern im Buch

Picus Verlag Wien